土崎みなと衆

―その真髄ここにあり―

五十嵐廣志

土崎みなと衆◉目次

III

IV

土崎みなと衆

――その真髄ここにあり

はじめに

土崎の歴史区分を五つ（古代、中世、近世、現代、未来）に大別した。前後になる部分もありますが了解していただきたい。

土崎は歴史の古い港町である。

土崎の薄ぼんやりしたのは遼遠の一三〇〇年前である。大和朝廷が成立し、東征のため北辺の地に一八〇艘の軍船を率いて大和朝廷の長官阿倍比羅夫（六五八年）蝦夷征伐に北陸の国から出航した頃であり、齶田の浦の土崎が存在したというのが起源である。

私は土崎港肴町の洋裁仕立業の五人兄弟姉妹の四番目として、五十嵐吉松・トヨの間に生まれた。

にしん船で賑わう港の岸壁から春風に乗って港中がカドの匂いが吹きつける。七月二十日、二十一日は梅雨明けの炎天下になり、天下に轟く港曳山まつりの到来だ。勇壮な曳山のジョヤサノ〜の曳子たちの掛け声は、すべてを吹き飛ばす港衆の真骨頂の雄姿だ。そんな港町に生まれ育ち、結婚を機に二十八齢で土崎を離れ、隣町の新屋に転居して久しい。

八十五齢までそれなりの人生を歩んできたが、老境になると、親兄弟を想い限りなく郷里を愛する気持ちが強くなり、それが本を書く動機となった。

しかし故郷は必ずしも心のふるさととなり得るものではなく、人間の喪失（思い出したくない）二度と故郷の地を踏むまいと、遠く離れた不如意、哀感に耐え忍ぶこともある。

だが心の拠り所はやはり親兄弟を慕い、生まれ育った土の香を呼び起こしたくなるものである。土崎港は大きく手を広げ、過去のしがらみに関係なく無礼講に迎えるところが真の港衆だ。昔日の港町を慕って貰いたい。

私は原稿を書くに当たって知らない歴史が沢山あり、文献、史料、資料を幾度も図書館通いに奔走したけれども渉猟できずに取りかかったから不備、不明瞭が多いかと思うが、大目に見ていただきたい。そんな気持ちでこの拙い本を手にして下されば、この上ないよろこびである。

土崎港を離れた諸先輩、同輩、後輩、社会に出て切磋琢磨しながら着地点に立っておられる方々にも思い馳せずにはいられない。同級生や友人に宛てた手紙に秋田銘菓金萬を添えて、返信に土崎港の故郷の念にかられる、誰しも故郷を思わない人はいない。

啄木に「ふるさとの山にむかいていうことなしふるさとはありがたきかな」という有名な歌がある。

これからも出現する人びとと、土崎港の若人に、港の歴史をさらに構築して、永劫あれと願い、物語を進めて参ります。

太陽と地球

太陽が五十億、地球は三十五億とすれば地底の大爆発変動で大陸から切り離されてつくられた日本列島は約三億年という。

この地球上の生きものは、一億五千年前は恐竜時代、四本足の動物が多く生存した。四本足から分かれて直立になったのが人類の始まりという。

そこから手を使い、火を起こしてからのめざましい進化が始まる。かくして現代人の祖先は今から二十万年前であり、さらに十万年前から人間の世界が刻まれてゆく。そんな流れの中で、大陸と陸続きであった北海道へ移動した大型のけものを狩猟して追いかけながら北方へ住み着いたのがアイヌの祖先である。同じく、大陸から九州へ移動した大陸人であり、日本列島の人たちで形成されたのが北方民族と大和を中心とした人の集団に分かれたとみよう。

日本は世界から見れば島国であり、島数は大小六五八（最近の発表では一万三千と言われる）あり、そのうち無人島は五八〇島ありいかに凄まじい爆発変動だったのか地球の成り立ちは夢の中で見てみよう。

日本書紀

歴史に入る

日本書紀は奈良時代を初め、養老四年（七二〇）に奏上された書物で、日本を今に伝える古事記とともに貴重な書である。

神話、天地開びゃくと神話七代、昔、天と地分れず、陰の気と陽の気も分れず、混とんとして、未分化のさまは、あたかも鶏の卵のようであった。

ほの暗く見分けにくいけれども、物事が生まれようとする兆候を含んでいた。

その澄んで明るい気はまるく集まるのが、たやすいが、重く濁った気が停滞し地となる。

その時、清く明るい気は薄くたなびいて天となり、重く濁った気は凝り固まるのが困難である。

そのため、天がまずできあがり、地は遅れて定まるところとなった。

（「日本書紀」八巻孝夫著　小学館〈二〇〇七年九月第一版〉）

同郷人を偲ぶ

天にとどろくほどの万歳、万歳の歓呼の声に送られて、今ぞいで立つ父母の故郷《くに》を勇しく戦場に出兵する息子たち若者に日本の小旗を振りながらの歌詞の一節である。

二度と還らぬか分からないわが子の思いが深く刻み込まれている。家族は出征する若者の勇姿と、切なさが交錯したであろう。こんなことを書くのは寄せよ、と言われるかもしれない。

私はあの当時の情景が心の琴線に残っているからでもある。それを我が子の上京する姿に重ね合わせたかったのだ。

級友、先輩たち十五の少年、少女が中学卒業と同時に集団就職の土崎駅の夜行列車に乗る。見送る母の姿を浮かべる。親元から離れる息子、娘の情愛は限りなく深い。ホームに立つ息子の手をしっかり握りしめ、苦しかったらいつでも帰ってこいよ、体を気をつけてな風邪をひかないようにな、と別れのことばを惜しむ。とばりの列車は動き出す。母の大粒の涙がとめどもなく流れる。一緒に兄ちゃんを見送る弟、妹は母の袖につかまりすすり泣いている。

列車はグングンと遠ざかる。弟、妹は兄ちゃん〳〵と叫びながら列車を追う。そんな昔のことだが、級友たちも世の中の荒波と苦難を乗り越えて、それぞれ責任を成し遂げて人生の着地点に立っているだろう。

米寿を前にして他界、鬼籍に入られた同郷の人たちにいま一度、追悼を捧げながら書き続けたい。

私の二階の窓から市内の夜景がよく見える。千秋公園と同じ高さで見晴らしがとてもよい。土崎港町も遠くに臨める。前方に高清水丘があり、その西側が海に沿って光が点在して見えるのが土崎港の夜景だ。

昨今思いながら、幻想的にも現実的にも浸っている。

子供たちはそれぞれ独立し、母さんと生活設計を見直せた。これで同郷同期に胸を張れる。人生は長いようで短い。宇宙から見れば一滴のしずくにすぎない。人生の晩秋に生きがいを持とう。

燃えろ土崎港衆

港衆には土崎魂がある。

遼遠の奈良平安時代から連綿と流れゆく北に威を張る土崎港。日本海の荒波を乗り越えて航海した北前船の船乗りたちの勇ましさが港曳山まつりの勇壮無比に表れている。土着の狩猟漁民の少数の男たちと刹那的で豪勇なる船乗りたちが土崎港に定着し、商業的に活気づき、港町として近郷近在はもとより、日本海の重要港に発展していく。

そこで根づいた港の気質が、外交的で何ものにも臆することなく、すべてをオープンに明るさと、快楽さが受け継がれている港衆だ。ラテン気質といわれる由縁でもある。港衆よ再び燃えろ、勇飛せよ、天に轟かせよ、式者人形の轟音ひびく港の濫觴《らんしょう》大武将安東鹿季の如く。

土崎健児の歌のように百戦錬磨で鍛えた鉄腕を今ぞ発揮せん。久しくにぎわった商魂を焚《た》き起こせよ。

歴史は刻々と流れゆくが陸上海上の接点は往時もこれからも変わることなく、不動なのだ。日本列島が誕生して三億年余り、その中の土崎港は強固だ。再び地殻変動のように港の岩盤から噴出せよ。その出陣を切るのは港の若者だ。港のポートタワーセリオン（秋田港がポート・オブザイヤー二〇二二受賞）からすべて発進せよ。そして北前船でにぎわった土崎風を呼び戻そうではないか。

具体的に提唱

・ふるさと納税に感謝（菅総理大臣が自治大臣時代に創設）
・帰郷する人たちを歓迎する会をつくる
・土崎神明社（港の鎮守）の参詣を促進
・港ポートタワーを起点として、本山町（海上防御のため士族が住んだ場所）まで提燈行列。両側商店街総参加して歩行者天国

・切り目なく催しを企画する。（「港に響かせジョヤサー―」の秋田魁新報（二〇二二年四月から連載を有効に生かす）
・竿燈まつりに（東北三大まつり）便乗する
・港セリオンから男鹿半島まで遊覧船の出航
・十万トン岩壁の定期船（クルーズ船プリンス号）飛鳥の寄港で観光客の増加期待
・北前船の発祥でにぎわった御倉町（米倉）を伝承館でたっぷり演出
・坂上田村麻呂（大和時代の大将軍）が戦いで陣幕などを洗ったという最も古い町、幕洗川を強調する

秋田港のチャンス二つあり

二〇二二年度、岩壁着手　貨物船やクルーズ船が着岸できる埠頭を増やすことで、物流強化と観光振興につなげる二つに洋上風力発電

日本郵船（海運の最大手）この四月に秋田支店開設と発表、洋上風力と関連企業展開。風車数十基設置で港が活発になる

・著名人の講演会の実施

このような展開の中で港まつりが中心とするのが、土崎港町の再びの活性化の特効薬になると思う。港衆は血気に満ちている。しかし人を押し除けて、自分だけよければよいという気質でな

く、他人に手を貸し、助ける勇気もあった。いわゆる気概があった。今もそれを受け継いでいる年配者もいる（お人好しの面がある）身の丈以上に振る舞うことである。

それでは港の活性化の光をどこに当てればよいのか、思いつくまま列挙しよう。

①大照明は港曳山まつり
②ポートタワーセリオン
③港中央通り（旧御休み小路で秋田藩主佐竹公の鷹狩り途中で休憩した所）
④山道通り（御休小路から新国道へ連なる小路で、映画館、食堂、料理屋、八百屋などで人出でにぎわった通り）
⑤土崎駅（明治三十八年開業）
⑥新柳町（芸者、舞鼓でにぎわった町）
⑦土崎本町通り（北前船当時の湊八丁）
⑧男鹿半島を眺望する秋田港十万トン岩壁

以上、私の郷土を思う視点である。

土崎港は悠久の地

東は神々しい大平山がそびえ立つ
西は突端に悠然とそびえ立つ真山本山の男鹿半島
南は秀麗無比なる鳥海山
眼下には日本屈指の日本海へ注ぐ雄物川
昭和十六年四月、秋田市に合併するまで周辺五万以上の人口を有する北に威を張る港町であった。

津軽の豪族安東一族が湊城を築いて領土にするには魅力的であったに違いない。

土崎の町の形のはじまり

土崎港の歴史は奈良朝廷時代（七八〇年〜八〇〇年）に高清水丘陵に出羽柵が築かれ、そこから領民が住み、江戸時代初期から北前船により栄えた。

土崎の町は、奥羽山脈から流れる雄物川河口に位置し、古くから雄物川の舟運、日本海における海運が発達し、奥羽街道を中心にさまざまな街道にもつながり、県央、県南の貨物が集約される交通の要所として栄えた。

土崎港は武士から港湾の町で栄え、商家の賑わう町に、さらに工業の町へと変遷した。

セリオンタワーから土崎港町を眺めると、台湾の形に似ている。（やや楕円形）また胴の太いさつま芋のように。

推測

北前船による港が栄えて、その本町通り（新城町から肴町、萊町の八丁）に商家が並んで中心の町が膨らんだ。北の方の飯島、殻丁も当時の秋田運河へ米、穀物の運搬の河（現代の下新城の新城川）の川下として賑わった。

そんな意味合いで真ん中が人口が多く、両側が町全体を支えたから、このような形を成したのだろう。

土崎の広さ、人口　位置

広さは東西三キロ、南北四キロ秋田市（四五八九二〇平方メートルの三分の一を有する）人口も秋田市合併前（昭和十六年四月）秋田市全体の三分の一を占める。

今の人口は七万六千人である。

土崎港の位置

東経１４０度６分北緯39度43分やや西に偏在する
〈土崎の真冬〉
波防壁に砕ける白涛
轟音響かせ沖から押し寄せる荒波
シベリアからの寒風
地面から立ち上がる地吹雪
ときおりの青空も一瞬にして黒雲と化す
この繰り返しが真冬の土崎港だ。
シベリアから流れ来る北風に日本海の潮風と程よくドッキングして、土崎港へ向かってくる。
水の流れのよい旭川、太平川、雄物川の大河川が合流し、秋田運河となり、終着駅の土崎港が笑顔で迎えるなんと素敵な環境の港だろう。
しかし、双方とも時には牙をむき出しにして襲いかかることもある。
そんな中で育った我々港っ子だ。

I

（古代）

古代の秋田城

秋田城跡は、秋田平野の西、秋田県南から北に流れる雄物川が日本海に注ぐ河口の右岸に独立した低丘陵に立地している。日本海を間近に臨む標高三十メートル～五十メートルのこの丘陵は、通称「高清水丘」と呼ばれている。

丘陵上には、日本海から吹き上げられた飛砂が堆積し、秋田城もその上に造られている。小高い丘の清水湧くという名の通り、丘陵上に良質の地下水に恵まれている。

海上交通と河川交通の便がよく、見晴らしの良い丘陵上に秋田城が造られた。

秋田城の規模の形

城内には、政庁のほか建物群や倉庫、鍛冶屋、工房など生活施設が地区ごとにまとまりをもっていた。

一方、城外にも、南東側に鵜ノ木地区のように秋田城と直接関係する寺院や建物群があった。周辺を含めて、全体で城柵としての機能を果たしていたと考えられる。

秋田城に関する遺構は丘陵全体に広がっており、城柵を含めた最終的に九十万平方メートルが国の指定とされている。ちなみに、この広さは今、秋田市が外旭川に構想している外旭川ニュータウンに匹敵するほどであった。

政庁とは

秋田城の中心施設である政庁は、外側の城壁に囲まれ、律令国家（大和朝廷）が全国に設置した役所に共通して存在する中心施設である。重要な政治事務や儀式が執り行われていた。国府の重要な政務、儀式、北方のエゾや大陸からの迎え入れる迎賓の儀式や宴などが行われていたと考えられる。

秋田城の変遷

秋田城は天平五年（七三三）に庄内地方から秋田村、高清水岡に還されて「出羽柵」がその始まり、創建とする。

政庁は瓦屋根の築地堀で囲まれ、正殿と脇殿に囲まれた正面の広場、外部の門や政庁の政殿などの主要な建物は瓦屋根だった。

城内南側の焼山地区は政庁南側に堀立杭建物があり、北西側に倉庫があった。

城内南東側には鵜ノ木地区の小高い丘に、付属する寺院（四天王寺）が建てられていた。当時の古代日本最北の寺院で、丘の上に立つ壮厳な原役であった。

大陸渤海との外交と交通

律令国家は奈良時代から平安時代にかけて中国大陸の渤海国と外交交通を行っていた。使節が海を越えて往来し、出羽の国にも来航した。

渤海はせっか人と高句麗の移民が西暦六五八年に建した国であり、現在の中国東北部から朝鮮半島北部ロシヤ北海地方にかけて存在していた。周囲との交易で栄え、唐からは「海東の盛」と呼ばれた。渤海神亀四年（七二二）から延歴十九年（九七九）まで三十四も使節を日本に派遣している。

秋田城が外交的役割を果たしたのは土崎港があったからで、出羽柵が造られ外国の使節団も入り、以下のような歴史も見られる。

水洗いトイレの原型は今の水洗トイレに似ている。便槽から排水した汚物が泥地の沈澱物と一緒に沈澱していた（奈良時代七〇〇～八〇〇年）暗渠内の水桶が出口の沼地の沈澱物に流されていた。中国や渤海使らが使用した可能性あり、出羽には六回来着している。

最北の律令国家の役所であり、出羽国府であった秋田城は来着した渤海使節の対応を行ったと考える。

全国的にも類例のない特異な水洗トイレ（立派な）が秋田にあって、大陸からの来訪者が使用した可能性を示す寄生虫が確認されたことなどから、鵜ノ木地区建物群を迎賓館使節として使用し、水洗トイレを使用した可能性が高いと考える。

トイレの自然科学分野の成果

発掘調査では木柵《もくひ》先端物の沈殿物内に堆積した土から未消化の種便所周辺し、群がるフン虫やハエの蛹、寄生虫の卵、ちゅう水（クソベラ）が発見されている。未消化の種やトイレを使っていた人に寄生していた寄生虫の卵から、古代の人々が何を食べていたのか、どのような人たちが使用していたのか分かったのだ。

発見された種実

採取された種は　ヒメコウゾ、エゴノキ、ギイチゴ、アケビ、マタタビ、サルナシ、ニットコ、カマズラ、エゴマ、ナス、ウリ、タデシノなど。

また、ブタ食を食習慣にしていたとして、ブタと近接して生活する人が感染する有鉤条虫卵も発見されている。有鉤条虫卵は中国大陸や朝鮮半島から来訪者を迎賓館（福岡県福園市）のトイレ遺構からも発見されている。

土崎湊からすべて出航

秋田城は、奈良の平城京や京都の平安京に都を置いていた古代の律令国家にとって最北の城であり、北の拠点であった。

都から多くの人が訪れるようになる。秋田城から北方交易でもたらされた品が都へ運ばれた。

秋田城は、中国の影響を受けた古代最北東端の瓦葺施設であり、漢字を使用される最北の役所でもあった。東アジア文化圏の最北端であり、「古代シルクロード」の本当の終着である。（秋田市立秋田城跡歴史資料館掲示資料より）

こうして上古から現在まで千三百年の幾星霜の上に土崎湊は、先祖代々に苦楽を共にしてきたかと思えば、嗚呼《ああ》万感の港町よ、これからも子々孫と栄あれ。

高清水丘は、私の子供からのセンチメンタル的な丘である。家から歩いて四十分もかかる場所だが、大人も子供も遊び場として静かで森に囲まれたとてもよい環境である。

スキー場にもなっているし、五十メートルプールもある。プールは水泳大会でよく使われた。

悲しみな出来事があった。確か土崎中一年のとき、学校で冬場の課外活動としてスキー教室を開いた。秋田城跡から少し降りた高台からのスタートだった。一年上の生徒（勉強のできる人）が鮮やかな滑走をして、着地手前で松の木の根っこに激突した。これは大変。すぐに病院に運ばれたが死亡したとの知らせを聞いたときはショックだった。それまでは私たち下駄な生徒は尻もち付きながら下まで滑り着いた。何回か繰り返した。以来学校ではこの場所でスキー教室はやめた。

高清水丘は森で囲まれ、秋田の歴史を語るには最もふさわしいところであり、復元した旧秋田

秋田城正門

城跡の上門の前の広場は、高清水小の野球大会や練習場に使用され、市民の散歩コースや運動するのに最適であった。

秋田マツダ（私の前職場）の社内大運動会で使用させてもらい、社員の家族含めた運動会は盛り上がったものだ。近隣の人たちも見学応援に来てくれ、一層拍車をかけた。

一方、神秘的といえる沼がある。うっそうと生い茂る大きな窪地に不気味な空素沼（はいれば足が藻にからんで上れない）がある。この沼を自殺に選ぶこともあるとか聞いたものだ。おおい、やめてくれ、と心で叫びたくなる。

新旧道と旧国道（七号線）にまたがる広大な丘は、今でも私を感傷にいざなってくれる。

そして、秋田市の古代シンボルである。

阿倍比羅夫将軍エゾ征伐の理由

三十七代斉明天皇（初代女帝）六五八年四月にエゾ征伐に大和朝廷長官阿倍比羅夫が、百八十艘の軍船をもって嚆矢を響かせながら来航したが、本来の目的には深慮があった。

蝦夷地は土地豊かで、エゾ地を開き、大和民族をどしどし住わせ、米穀を得る地として「生産」に望みを持つようになった。

中央では、大化改新が行われ、「中央集権制度」が成り立ち、大和朝廷が成立する。天皇は強力な権力を持ち、朝廷に従わせしめ、大和民族の発展が勢いをもって、蝦夷の地を征服するに至ったのである。

発展とともに、人口の増える大和朝廷の生きる一番大切なのは、食うことと、着ることであったから、農耕と米穀をつくるために、養蚕もはじめられ、それがまた朝廷を支えるところの唯一のミツギものであった。今でいう税の取り立てになる。

人口の増えていく大和民族の繁栄のためにも、蝦夷地を征服する必要があったのだ。土崎には、その時から関わっていたことになる。

蝦夷地は、中央から見れば智恵や文化が低い民族が東北部に住んでいたので、遠く外国のように思えていた。刀を持ち、弓矢を手から離さず、鬼みたいな顔をし、勇敢であり、なま肉を食べていた。だから戦いは強い。それでも阿部比羅夫の前には降参したのだ。

かつて、二十七代景行天皇に武内宿禰が東方諸国を巡ったあとで、エゾの地は土地豊かであると復元した。それが斉明天皇の大和朝廷が堅固になり、諸国へと進出するようになり、蝦夷にも目を向けて、国を一つにまとめる改策を打ち出した。

降伏したのは思荷というエゾの頭であり、のちの安倍豪族の一族である。比羅夫は思荷に住む場所を授けたり、アイタ（齶田）とメシロ（能代）の二つの都に郡領といって、今の郡長を置いて大和朝廷の属国となった。それから大和朝廷と交渉が始まり、ミツギ物を持って行き、やがては田や畑を引くために中央から移民されたものたちと雑居するまでになった。

その時のアイタの浦と言うのは（齶田）と書き、アイタの浦は土崎あたりの浦であったと思われる。それはそれなりの海岸にすぎなくて、船の着く港というものではなかった。

蝦夷人たちは、鳥獣を捕り漁をして住んでいたであろうし、大和民族と交ったとしても少数であったに違いない。あるいは、小さな船とともに日本海の荒波に押し流されて漂い着いたものもいただろうし、しかし、それと言っても港の形をしたわけでもなく、広くそのあたりに点々として散ってもいたと思われる。

（「土崎港発達史」より）

最後に二行にまとめる。

土崎の黎明は、比羅夫により口火を切り、それがひいては、土崎港曳山文化に通ずるものではないだろうか。

土崎の名称はいつからか

そもそも『土崎』という名称はどこからどうして起こったのか、文献などによってハッキリしたいと思う。

佐竹家の時代に書かれたものである「秋田峯の風」の中に次のようなことが書かれている。

「秋田郡土崎港古城（土浦に湊あり）」

これは「六郡集記」といったもので延亭九年九月の序文であるから今から二百年前に書かれたものである。そんな古いものではないが、この本を書いた岡見知愛という人は根拠なくして「土浦」としたわけではない。その（土崎）という名は分かり過ぎるはずであるのに「土浦に浦あり」とつけ加えられているのは古い何かを調べたに違いない。

また亨保五年（一七一六）に書かれた「六郡邑記」には「湊町（土崎の浦）という」と書いてある。「湊」のつかなかった以前、つまり、「みなと」とならなかった。前には「浦」すなわち「浜」

であったときには「土崎」の名が出たものであるから「土崎浦」といったに違いない。それはまた「土の浜」であった。この場合の「土」というのは「砂」のことである。「土の浜」というのは一帯の砂浜であって、家の建ってなかった時代のことを意味する。その砂浜が海へ突き出ていたので、それは「岬」の意味と違って単なる「土の崎」と考えられたもののようである。ちなみに「崎」は三省堂辞典では水に突き出た陸地（けわしい）と書いている。

なぜならば、「砂浜」が海中へ延びていたという程度であったからであろう。こうして「土の浦」または「土崎浦」であった。

土崎の海岸が（雄物川の変動後もまた）船泊りのできるところとして、そのある一角（船の着くところ）を「土崎の湊」と呼ぶようになったのが「土崎港」の起源と考えて間違いない。

（『土崎港発達史』より）

外部の人は、土崎の人を崎衆と呼ぶことがある。強いとか、剛の響きに聞こえる。俗に「きかねえものがだだなあ」私はこの言葉が当てはまると思う。

約三千年前まで日本海が太平山のすそまで海だった（貝がらが発見されている）そのため、秋田市全体が海底にあり、地盤が軟弱といわれる。特に木内デパート附近（通称広小路）は地下百五十メートルぐらいまで岩盤がなく、地震には振動大きいという。秋田自動車（地下道）の工事区間は木内デパートを大きく迂回したという。

一人芝居

老後からの挑戦に葛藤
人生は一回きりだ。

生き方を決めるのは誰でもない自分だ
〝迷いはある、決断するのは容易でない〟

六十を一つの区切りとするならば、どうだろう。六十は還暦だ。元へ戻るという。

そう思えば、これからが改めて自分の人生になる正念場だ。

悪くない、おもしろいではないか。人生百年としよう。四十年ある。これを生かさない手はない、謳歌しよう。

では、どう考えたら老後の意義ある人生になるだろう。六十年の歳月には、だれでも貴重な経験がある。（疲れ果ててはいるが）悲善こもごもと。
・自分の思いはずれだった六十年
・悔いのあった六十年
・無念だった六十年

・情けない六十年
・能力発揮できずの六十年
この四十年を生かすも殺すも自分の考え次第だ。だが、心（意志）があってのことだというものの、六十まで酷使した体、燃え尽きた心身、大なり小なり、だれでも持っている。だから、さあ、やろうと心においても困難であるのも現実といえよう。男女問わず、人には夢と希望は潜在的に眠っている、そこに目を向けよう。

私は、高齢らしからぬ秘めた企てに燃えてみようと、潜在的な意識を目覚めさせようとした。非常に困難と知りつつ、挑戦と言う二文字に憧れた。

六十五歳から始めた勉強で、日本ファイナンシャル・プランナーズ協会主催AFP取得（継続教育継続中）CFP挑戦だ。

「なせば成る」なんて気障《きざ》な文句を並べたって、最初から出来っこないと分かっている。健康寿命はとうに過ぎている。

さて、その人、その過去に何を思い続けただろう、そこが大きな分かれ道になろう。

「思い続けたとは、どんなものか。」何項かを並べてみると、
・若い時は仕事（only）で、それには入り込めないでいた（時間の制約）。
・いつかはその分野に身を投じたかった。
・能力がとてもおぼつかなかった。

・そんな環境ではなかった。
時間と過去の経験から、なにかと心に湧いて来る。あと、五年、十年と見据えた老体不巧に至るまで、だれにも束練されず、静かに己の胸中にあるのみ。彼方の風に乗って、耳に響いてくる。人さまに笑われるのが落ちだろう。人さまの役に立とうなんて格好つけるなんて、自分の頭の中身を割ってからにせい、
昔取った杵柄《きねづか》の根性は、とうに昔のことだ、
〝やろう〟静かに一人暮らしのことだけを考えた方が利口だぜと、別の潜在意識がもたげてくる。だが、この二つの意味合いが葛藤（かずらとふじのもつれからくるもの）するようだ。
さあ、どちらに軍配が上がるのか、一歩下がってみよう、それからだ。

五十嵐の姓の発祥（五十嵐会ご案内誌参照）

紀元前二十七年の垂仁天皇（十一代目）の第八皇子で古事記では（五日帯日子主）日本書紀では、イカタラシヒコノミコト（五十日足彦命）と記されています。

四世紀中頃、天皇の命令を受け北越の国の各地平定鎮撫に赴いた。最後に下田郷字宮沢に移

住し、治水や農耕を教え、地域の開拓に専念した。

五十嵐とは、その名に込められた本来の意味は農民の願いをする「五風十雨の天候の好順」を表しているといわれています。

イカタラシヒコノミコトは当地で薨去した。

「五風十雨」は五日の風と十回の雨で農作物に好循環をもたらされた意味である。

五日足彦命の子孫は「五十嵐」を名字として代々新潟県蒲原郡を支配していた。

鎌倉時代の源頼朝の御家人になり、以後、直系は「小豊次」を名乗って将軍頼朝に奉公し、豪勇ぶりは広く知られている。しかし「御館の乱」で破れた長尾景虎（のちの上杉謙信）方に加担した為「四百年」続いた五十嵐家は下田を追われ、全国に散々になっている。


（「あなたの神様　あなたの神社　五十嵐さんの氏神」戸矢学著　河出書房より抜粋）

さて　私どもの祖父五十嵐留吉は、一体どこから、どう流れてきたのか判らない。そこで知るにはどうすれば手掛かりあるだろうかと、思い秋田市役所土崎支所へ駆け込んだ。窓口では、百五十年前までの記録はあると言う。留吉の生まれた年が分かれば出自がつかめるのでと、その場でおやじ（吉松）の戸籍謄本を請求したら留吉の出自が新潟県蒲原郡大字葛巻六拾式番であることが判明した。
五日足彦命の子孫は「五十嵐」を名字として代々新潟県蒲原郡を支配していたとあるから、留吉は、もしかすればその流れかも知れない。

五十嵐のルーツは地名由来の名字ルーツが一つの所に特定されている新潟県内に集中している三条市（金物の町）が多い。

治水事業に生涯かけて、信濃川支流の五十嵐川が流れ、鎌倉時代の五十嵐の中興の祖といわれる「五十嵐小文治」は大蛇伝説で有名、五十嵐神社に祀られている、歌手の故三波春夫（本名五十嵐文治）も五十嵐の一族である。ちなみに、イカラシの呼び名は新潟県村山市あたりまで、それ以北の酒田からイガラシ（濁点）と呼んでいる。

私の住む新屋地区では十数軒あり、土崎港では二十数軒ほどだようだ。

このように考えてみると、太古の時代から朧々した物語りとも言うべき何かを、五十嵐の姓を持っている先祖に合掌したくなる。

江戸から明治初期にかけて北前船の出船入船で栄えた土崎港八丁（江戸中期）に商家が立ち並び、その中心地が加賀町で、中ほどに「カッパ屋」の五十嵐留吉が根城を構えたのが初代である。武士の町から商人の町へと変遷したのが港町の基になっている。

商家は千三百棟、娼家（女郎屋）もあり、久保田（秋田佐竹藩）の本町よりも港町の方がすぐれていると、天明八年（一七〇八）幕府の巡見使の随行した地理学者古河古松軒の『東遊雑記』の港の栄繁を幕府に送っている。

祖父の留吉は新潟から油紙を業商しながら酒田経由で日本海沿いに土崎港に腰を下ろした。商いの名人であった。

私の親父吉松は次男坊だったから別家になり、現在の自衛隊の向い側の松林一帯のあたりに住み、裏手に油紙を乾かす仕事をしていた。その情景はわずかながら憶えている。留吉は吉《きっ》っちゃん居るかと二キロも離れてる別家によく顔出しに来た。

時代の流れの中で、一早く洋裁業に転じ、二代目（長男栄松）は、これまた大繁盛し、ミシン踏み職数人使用し、賄婦（めらし）も置くほどだった。存続していれば五代、六代となっていただろうが、四代目で後取り居なく没落した。はっちゃんというめらしは色白でお人形さんみたいなかわいい女性だった。たまに本家に遊びに行くと、上座で「デン」と構えているお上は、上がれと言わない。こどもだから、上がりたいのだが、はっちゃんは、その気持ちを察して畳に上がらさせようとしたら、お上は足を洗ってからにしなさい、はっちゃんは奥のみんじゃ（水飲み場）に連れて行って、足拭くタオルまで用意して、お上の了解を得るのだった。

別家の子供を卑下していたと子供の頃のいやな思いは忘れられないものだ。

本家の威厳は強かったのだろう。

私は肩身の狭い思いをしてきた両親を見て来たから、大人になってから、人をそのようにさせてはならないと強く思った。

以上の家系から言っても五十嵐家は名のある家柄だったと言えるだろうか。

※カッパは「油紙で作った合羽」であり、今のビニールの合羽である。蛇の目傘も油紙でつくられた傘である。

「昔」「今」「未来」の土崎

「昔の土崎」

エゾ征伐で大和朝廷の長官阿倍比羅夫が北陸の国から顎田の浦へやってきた。中世に入り北辺の大豪族安東一族が湊を領土にするため津軽（青森県深浦）から土崎湊を攻略、一三九五年安東鹿季を初祖として愛季、実季の三武将が湊城築き二百七十年に及ぶ善改を敷き町を形成した。

江戸初期に湊城から国替えとなった佐竹義宣公が秋田藩主（殿様）となり十二代目まで二百六十年続く佐竹藩時代も、幕府政治の王政復古で廃藩置県により佐竹藩主の終焉を告げる。幕府を擁護しようと幕末の士志たちと尊王攘夷の朝廷側の激突で戊辰戦争が始まった。それによって秋田藩も大きな痛手と損害を被ったが、世の大変革で秋田の幕開けとなり暁光を差し、近代的な明治時代に入る。
北前船寄港地として、土崎港は最も栄えた時代であった。

「今の土崎」

太平洋戦争終結した昭和二十年八月十五日は私は小学一年生だったので不確実だが見聞きや経験でおぼろげに記憶はあるから今昔を語れる、湊八丁夜話、港曳山まつり土崎衆の土性骨を自分の視点から栄枯盛衰を論じ、未来を展望したい。

あの活気溢れる港びとの勢い、商店振るまい、繁盛はどこへ行ってしまったのか。なぜ衰退の一途なのか、そこから語ってみる

土性骨とは、生まれながらの性質で気概があり、明るく勇ましく動き回ることを指す。それに最も表れているのは港曳山まつりの曳子たちだ。三百五十年余の伝統を継承され今や世界にも響く勇壮無比な港まつりである。

ここで、今の土崎港町を考えてみよう。二代目、三代目となろう老舗が陰げ淋しく消えて行く。特に湊八丁通りの商家である。これは土性骨と大いに関係している。

二代目、三代目になろう息子・娘たちが後継者として育たない。何故か、簡単明瞭育てないからだ。

家柄が旧家であればあるほど、自分の代を守ろうとして、かまど（財産）をがっちり握り、嗣

子に譲らない。だから息子たちも本気になって商売に身を投じれない、家から出て土崎を離れる。

もう一つ理由は、先代が築いた商法のやり方を頑《かた》くなで変えようとしない。だから時代にあった新しい発想も生まれず、転換もできない。まだ言うならば、一匹狼で始めた商人が多いことだ。これは世の中隆盛のときは、限りなく伸びるが、ひと度、景気が落ち込むととても脆《もろ》い、他と協調する無さからくるのだ。これらの現象は、当地土崎に限ったことではないが、全国津々浦々にも言えるだろう。

土崎港の今の全景

「未来の土崎」

然れば土崎港町の再興はないのか、私は決してそうではないと思っている。古い港町には蓄積された資源はいっぱいある。神社・仏閣はその一つ、北前船で栄えた秋田港（土崎港）の前身が日本海の重要工業港に指定されている。今時の予定で洋上風力発電の十基設置はその表れだろう。毎年のクルーズ船の寄港地にもなっている。何んと言っても国連教育科学文化機関（ユネスコ）の無形文化遺産に登録されている港曳山まつりだ。

現在の土崎駅

ＪＲ（旧国鉄）土崎工場・日本石油跡地・自衛隊秋田駐屯も外に発進できる。そして秋田市全体の１／３を占める七万六千人の人口を有しているのは強味である。

人の集まる所には必ず金が落ちる。因《ちな》みに私が育った頃の港曳山まつりの七月二十日、二十一日の２日間で一億円落ちたものだ。一軒の家で祭りの料理に掛ける費用は五万円も惜しまず随分気風《きっぷ》がよかった。一台の曳山には最低二百万円の予算を投じた。二十台の曳山で四千万円が地元で使われたことになる。

これらのことを踏えて、若い人たちが中心となって、この港の活気を取り戻してこそ、再びの港町が発展して行く。私は確信する、昔の元気だった古い人たちのバックアップは絶対必要だ。

（温故知新、古きをたずねて新しきを知る）

歴史年表

（上段は土崎みなと歴史伝承館年表を参考に独自で作成、下段は筆者作成）

	土崎港の推移	日本のできごと
大和時代（飛鳥時代）	・原住人とエゾ人住む　狩猟生活をする ・文化2年（646）安倍・安東豪族の遠祖安日王が神武天皇に破れ北辺（青森県）に追放される（初代湊城主鹿季の遠祖） ・斉明天皇（初女帝）3世代 ・斉明4年（658）阿倍比羅夫が蝦夷を征服させるため齶田の浦につく	・4世紀　天皇を中心とした大和朝廷成立 ・6世紀（593）聖徳太子が摂政になる ・大化改新のみことのりが出される ・大化改新ごろ（645）国名を公式に日本と呼ぶ
奈良平安時代	・天正5年（733）出羽の柵を秋田高清水岡に遷し置し ・町名将軍野幕洗川は陣を開く戦いで汚れた幕を洗ったとの伝承あり	・延暦13年（794）京都に都が遷される ・延喜1年（901）菅原道真が太宰府に流される ・寛弘4年（1007）源氏物語つくられる ・仁安2年（1167）平清盛が太政大臣になる

鎌倉室町時代	室町安土桃山時代	江戸時代
・応永年間（1394~1428）安東鹿季が湊に進出し秋田湊を拠点とする湊安東氏の始祖となる	・湊城築城　土崎湊の名称が表される ・天正17年（1589）安東一族の湊合戦が起こる ・太閤検地が行われ豊臣秀吉より安東実季に対し出羽国の約五万二千石の知行を安堵された。実季は秋田氏と名乗る ・文禄4年（1591）豊臣秀吉の伏見城普請による秋田杉搬材	・慶長7年（1602）関ヶ原合戦の国替えで秋田氏に佐竹義宣が湊城に入る ・慶長8年（1603）佐竹氏が内陸部に久保田城開始、土崎の富裕層商人も久保田城入り ・慶長9年（1604）湊城が廃城となる ・元和6年（1620）湊城跡に川口家の氏神を移し、土崎神明社を創建
・建久2年（1192）源頼朝征夷大将軍になる。鎌倉幕府を開く ・貞永1年（1232）北条泰時が貞永式目を定める ・元弘3年（1333）鎌倉幕府が滅びる	・秀吉の刀狩を行う ・太閤検地が行われ秀吉より安東実季が五万二千石の知行地を安堵された ・豊臣秀吉の伏見城普請に秋田杉を搬出	・徳川家康が征夷大将軍になり江戸幕府を開く ・豊臣氏が滅びる ・武家諸法度、公家諸法度が定められる ・徳川光圀が大日本史の編集はじめる（水戸藩主） ・生類憐みの令が出る（綱吉） ・間宮林蔵が樺太探検に出発する

江戸時代	明治時代
・土崎港に江戸初期から明治はじめにかけて北前船寄港地と栄える ・世の中が平穏な時代で大きな変化なし	・文明開化が近代化の門戸土崎「流行したざれうた」 ・戊辰戦争で官軍の佐賀藩援軍蒸気船で来航、明治元年 ・明治9年（１８７６）三菱汽船会社東京から函館～土崎～新潟定期航路開く ・明治22年　土崎港各町と相染新田村合併 ・明治34年（１９０１）県内発の火力発電所（近江谷発電所）電力供給開始 ・明治35年（１９０２）広井波止場竣工　土崎図書館開設 ・明治38年（１９０５）奥羽本線全線開通、土崎駅開業 ・明治41年（１９０８）鉄道院土崎工場業務開始（後の国鉄土崎工場）
・嘉永6年（１８５３）アメリカの使節ペリーが浦賀に来る ・井伊直弼が大老になる ・慶応3年（１８６７）大政奉還が行われる。天皇に国家の政権を返上する	・元号を明治と改元（１８６８） ・戊辰の役は慶長4年一月三日京都の鳥羽伏見において戦端を開いた ・彰義隊、白虎隊が官軍と戦ったが敗れた。天皇を中心とする明治政府ができ、江戸を東京とあらためる ・廃藩置県が行われる ・明治22年（１８８９）大日本憲法が発布される。第一次内閣総理大臣に伊藤博文を指名する ・明治27年（１８９４）日清戦争が始まる ・明治37年（１９０４）日露戦争が始まる ・明治43年（１９１０）韓国を併合する

	大正時代	昭和時代
・明治43年（1910）日本石油秋田製油所操業開始、第二種重要港湾に指定（港湾調査会が土崎港、船川港）	・大正10年（1921）小牧近江を中心に文芸誌「種蒔く人」土崎版創刊	・昭和2年（1927）土崎港雄物川河口に灯台建設 ・昭和10年（1935）土崎港が工業港に選定される ・昭和13年（1938）雄物川改修工事が完成、放水路通水式 ・昭和16年（1941）土崎港町が秋田市に編入、合併。港湾名を土崎港から秋田港に改称 ・昭和20年（1945）8月14日夜半～15日未明土崎空襲。日本石油秋田製油所壊滅、市街地大被害。45年終戦 ・昭和23年（1948）北防波堤築造のため、駆逐艦三隻沈める
	・大正3年（1914）第一次世界大戦に日本参戦する ・大正7年（1918）各地に米騒動が起こる ・大正12年（1923）関東大震災が起こる	・昭和3年（1928）第一回目普通選挙が行われる ・昭和12年（1937）日華事変が始まる ・昭和16年12月8日（1941）太平洋戦争開戦 ・昭和20年8月6日広島に原子爆弾が落ちる、9日に長崎にも投下される。ポツダム宣言を受け入れて連合国に降伏する ・昭和20年8月15日（1945）終戦のみことのり出される ・昭和22年（1947）日本国憲法が施行される

昭和時代	平成時代
・昭和26年（1951）秋田港が重要港湾に指定 ・昭和45年（1970）秋田北港開港、土崎港の地形が大きく変わる ・昭和58年（1983）日本海中部地震が発生、秋田港にも大被害	・平成6年（1994）ポートタワーセリオンオープン ・平成9年（1997）「土崎神明社曳山行事」が国の重要無形民俗文化財に指定される ・平成22年（2010）全国山鉾屋台連合会土崎大会開催 ・平成28年（2016）「土崎神明社祭の曳山行事」がユネスコ無形文化遺産に登録される ・平成29年（2017）秋田市をはじめとする北前船寄港地が「荒波を越えた男たちの夢を紡いだ異空間～北前船寄港地・船主集落地」として日本遺産に認定
・昭和31年（1956）日本の国連加盟が認められる ・昭和39年（1964）第18回オリンピック大会東京で開かれる ・昭和43年（1968）川端康成ノーベル文学賞を受ける ・昭和47年（1972）田中角栄首相が日中国交正常化を実現す ・昭和64年（1989）昭和天皇崩御される	・平成天皇一二五代即位と同時に1月7日に平成と改元される ・阪神淡路大震災死者6000人以上 ・東日本大震災死者行方不明者二万一千人以上有余、マグニチュード9．0で日本列島誕生して最大で未曾有の災害

土崎の近世

佐竹氏入部と久保田城

秋田藩主（初代佐竹義宣公から十二代佐竹義堯公）の殿様と太く長いつながりを持ちながら、現代の土崎港がある。その事実を文献資料を基にして、私の見解も書きたいと思う。

十一代目湊城主安東実季に変わって湊へ入城したのは佐竹義宣公であり（一六〇二）狭隘が理由で二年後に久保田に（今の千秋公園）新城をつくり移転した。

佐竹氏の秋田へ国替えとなったときは、二十万石の禄高は三十万俵であり二十万人分賄えた。それを具体的に算出してみる。

※地方の大名の禄高の計算は、

一石は一斗の十倍。一斗は十キロで昔の一俵は六十キロ。よって、一石は一、七倍となる。約一人で一日二合食べると、二十万人賄えることになる。ちなみに、戦時中の米の配給量とはほぼ合致する

昭和十六年：二合二勺（三五〇グラム）

昭和十六年：一合八勺（二九〇グラム）

戦後の私の家庭では、七人家族で二升釜に満杯にして炊いた。釜めしは、一日で平らげたから、一日三合は食ったものだ。

佐竹の殿様は、秋田に国替えになって恵まれたのではないでしょうか。北前船で栄え米どころ秋田だし、森林豊富、鉱脈は宝庫　それに秋田音頭にもあるように、美人うようよ。

佐竹氏は四百六十年にわたって、常陸の国を支配していた大藩であったが、二百六十年に及び秋田藩領の中に基礎を築き、現代の大秋田市の土台になったことが、深くこの歴史から伺える。

町名の由来

町名は土崎の歴史と深く関わっている。

将軍野・幕洗川は古代から表わされ、多くの町名は江戸初期から明治初め頃に命名されている。約二十町内を並べてみる。

①将軍野　坂上田村麻呂（八〇一）が陣を引いたと伝承を由来とする

②幕洗川　土崎と寺内の境に位置する町に川が流れ坂上田村麻呂が、その川で汚れた陣幕を洗ったという伝説に由来する

③壱騎町　町が開かれた年代は明らかでないが寺内合戦で安東氏の家臣（岩城半二郎）が「一騎当千」の武者が住んでいたと伝えられることに由来する　一騎当千とは、〝一人で千人を相手した〟こと。

④萩町　慶長年間（一五九六～一六一五）に開かれた町と伝えられる。萩とは、地や沼に繁茂するマコモであり湿地を開拓して生まれた町である

⑤下酒田町・上酒田町　慶長年間（一五九六～一六一五）に庄内酒田から移住により開かれた町である

⑥永覚町　万治二年（一六五九）に開かれた町で、永覚坊という修験者が住んでいたことに由来する（山伏ともいう）

⑦旧穀保町　万治三年（一六六〇）に開かれた町で、町名は、仙北地方の川下げ米の対応する蔵宿に由来する

⑧新柳町　古くは新地と呼ばれ（一七〇〇～一八〇〇に開発された町）垂《しだ》れ柳が風情であり土崎の芸者町とも云われた。大内旅館、地鯉亭が代表格、今は日本料理専門の仕出しの末広がこの地に構えている

⑨肴町　文改五年（一八二二）以前は萱《かや》村町と呼ばれていた。藩より魚の専売権を与えられて

いたことから肴町と改称した

⑩本山町　安政元年（一八五四）に海岸防備のため士族を移り住ませ開いた町。以前は廻船問屋の山屋敷であり、この「山」が転じた町名と考える

⑪旧清水町　町が開かれたのは慶長三年（一八六二）であり、それ以前は畑地であった

⑫旭町　慶長八年（一八六七）に開かれた町であり、それ以前は御休所（藩主の休憩所）であった。呼称御休小路で通り、土崎商人の一番集った通りであり、港の中心であり、それは今も変わらない

⑬加賀町　加賀（今の石川県南部）から移住者により町が開かれたのが町名の由来。廻船問屋で賑わった町でもある

⑭小鴨町　萱わらの繁茂する湿地で鴨のない場所であったのが由来。江戸時代駅役所、明治十二年には土崎港町役場があった

⑮御蔵町　佐竹藩の米倉を中心に生まれた町であり、町名も御蔵に由来する

⑯稲荷町　町名は稲荷神社が祀られていたことに由来する。旧雄物川沿に位置し、附船場で賑わった。のちに女郎町（遊女）とも呼ばれた。昔は芳町と称した。芳が繁茂していたからとか、その香りがよいからともいう

⑰相染町　江戸時代以降には、穀丁に属し、明治二年に旧土崎港町と合併した。馬頭観音を祀った宗善社が町名の由来と伝えられる。独自の文化を持った大きな集落があった人間的に荒っぽ

かった

⑱古川町　明治以降に開かれた町であり、砂の堆積により、埋まった川（古川）があったことが由来とする。雄物川の旧河跡に聞かれたので、この由来（現在は臨港署、スーパーいとく土崎店が建っている）

⑲日影町（今は消えてない）　字名を「ニノ堀」と称した湊城の外堀りに位置し、湊城の城塁が東に高くそびえていたので日景となり、この町名が出たという（土崎駅に向って左側になる）

⑳旧新城町　末席に書いて、同町名の方々に、お叱り受けるかも知れない。久保田城の町割りの時、寺内の前城・後城の人々によって開かれた町で、久保田城下に新しくつけて、新城町と呼ばれるようになった。町紋は土崎で最初の町内会が結成されたことを示す〇一で永く町民に親しまれている。

もう二町内にお叱り受けなければならない。

・愛宕町　享保十九年（一七三二）に開かれた町であり、町名は愛宕神社に由来する。現在の山道通りと市電が走っていた範囲である

・下新町　延宝三年（一六二五）以来、人口の増加に伴い、三度にわたり、新しく町名割りされたことが由来である。肴町から魚の販売権が移り、鮮魚販売が盛んであった。秋田中央卸売市場開設したときは、大卸・仲卸の業者として今でも活発に運営されている。

他に戦後できた新しい町名もいくつかある。

（「土崎史誌会」より）

小路の多いのはなぜか

安東実季（十一湊城主）が秋田城介の時代に町割りを作図する時、小路もその町割りにされた。外部から攻めて来る武士の目を晦《くらま》して逃げる小路を多く造った忍者のようだ。

昔から忍者のいる町は狭い道がある。（一間一．八メートル）大人ひとり歩けるような道、広くても二間（三．六メートル）子供二人手をつないで通れる道幅である。原型は今に留めている。

私の邪見であれば、お許しいただき、正しい意味を教えてほしい。代表的な小路名、由来、小路にまつわる話などを列挙する。町名とドッキングしており、往時を偲んでもらえればうれしい。

小路名	現在地と由来と小路にまつわる話
御紙屋小路	加藤伝十郎という紙すき屋が建っていた。明治初期の地図に、この小路名で載っている
塩の湯小路	塩の湯は現在地（新国道と旧道の交わる手前）であるが塩の湯は廃業している。大相撲巡業のとき、塩の湯は汗流しに入った
かど小路	明治四年の地図には「かど小路」と記されている。越後屋小路の西側の小路

善導寺小路 丸山小路	弘化二年の地図がある善導の前から本町通りまでの小路。その本町通りの角に「丸山旅館」があった。それで丸山小路とも呼ぶ
かんたこの小路	善導寺と本町通りの中間に裏町通りがある。その通りに高稿勘太郎という人が居たので名づけた小路名で、勘太郎は駄菓子やあめ造りの職人で体格はよく、美男子だが、奇矯な行動に癖があり、いろいろなエピソードの持ち主でもあったようだ。非常に子供好きで町の人気者であったろう
秋山小路 杉山小路 菅小路	久保田藩の家士、秋山七四郎の住居のあったためと思われる（弘化三年）。明治四年の地図によると、杉山小路となり、秋山氏と交替になったのではないか。菅礼二宅があったが焼失、その路地に「明治天皇行在碑」が立っている。当時は広々としていたがバイパスの建設のため半分になった。今の人は、細川（細川レコード）の小路とも云っている
唐津小路 からす小路 那波の小路	弘化三年以前から唐津屋という家があったので、この呼び名だった。唐津がなまってからすとなった。後年、那波酒造が建てられたため
満船寺小路 御休み小路	現在の中央通りだが、藩政時代、御休所まであったと思われる（弘化三年絵図。）佐竹公の「御休所」があったため、明治の中頃から呼び名とした

間杉小路	久保田時代に土崎港の豪商間杉五郎八の蔵があった小路で、本町通りから八軒町（荷馬車が二台も通り抜けられる小路）であった。今はわずか人の通れるぐらいの一間と少しの幅よりない。永覚町中田畳店と大橋宅とその間の小路
根布屋小路	本町通りから八軒目の通りまで（今のバイパスまで）加賀町に根布谷という豪商が居た。そのため、この小路が生まれた。この根布屋が今の松本家（永覚町）である。根布屋家は、元、加賀国金沢根布屋を海路土崎港に移住した
青山小路 藤政小路	本町通りから七軒目（現在のバイパス通り）まで藤政旅館、向島医院が上と下の角にあるこの小路も弘化三年前からあったようだ
大喜《でっき》小路	大善八百屋にその当時、仙北方面から丁稚《でっち》奉公に来た少年たちがこの商家の裏手に住まわせたことから丁稚が「でつき」の喜を取って、大喜と呼んだのは明らかだ。白壁の大きな大喜青果店は、新町側の西角にあり、今でも目を引く。地元の年配の話から
石田小路	新町の中程から新町を二分するような小路がある。その東側で昔、その小路の突き当りや右に「葬場」があったので一部の人達は、「ダミ」小路とも言っていた。 葬場は弘化時代からあった
山道小路 山田小路	昔、山田重太郎と云う大きな屋敷があった。弘化三年の絵図には「御用地」の中で「御用明」山田重太郎と書かれている。佐竹家の家臣であったと思う

げなはん小路	円浄寺の向かいの小路で「三浦玄庵」という医者が住んでいたため「玄庵」が港弁なまって「げんはん」になったと思う
あわえこ小路	昭和六年頃、加賀町の幸野谷紙店で同店隣接地帯一帯を買収したが、昔から幸野谷と隣接地の間にあった中七尺位の小路で、稲荷町の遊廓に抜ける小路であったが、風俗上でも悪いし、丁度、土崎警察署の真向かいのため、倉庫を建て、その小路を廃止した。今では「幻の小路」であり、当時の青年たちにはなつかしいことばだろう
妙見さん小路	見性寺の境を通って、電車通り出る小路で現在は止められており、嶺梅院の側を通っている
ふくべ川小路	幕洗川の料理屋小鳥の脇の小路。ふくべ川、昔の太刀洗川の後で豊富な水が湧き出ていた所
成金小路	旧国道から新国道に抜ける小路（ジャスコ南店側にある）。この名は、明治の中頃大曲の小西から、土地を安く買い入れ、後日、値上りして売り出し、一夜にして「成金」になったための名とされた
好き連れ小路	武田小路の新国道から入って最初の左に入って行く小路。夜に散歩する二人連れが多かったための名であるようだ

弁天小路	新柳町中央南側に厳島神社熱田市杵島神社から旧国道へ抜ける小路（ジャスコ土崎店の西側）赤玉しんこ餅店もあった
那珂の小路	土崎幼稚園の向い側にある小路で明治時代、元秋田藩士で那珂小市という人の家があり明治十七年頃に高橋吉兵衛と共に将軍野を開拓し、畑を作り成功した。その那珂がこの角に住んでいた
堤小路	土崎駅前竹中商店（今、廃業で一般住宅になっている）裏側の小路。この小路を抜けて日影町に続く。湊城の外濠の築堤があったところ ※この小路の中ほどの家に大相撲横綱東富士が、ベットにでんと横たわっていたのを子供の頃、見たことがあった。とにかく大きくておどろいた。土崎で大相撲でもあったのだろう
チャンチャン小路（あんこや小路）	竹屋小路から地鯉亭小路を抜ける小路で、この辺は堰があふれていたために、常に道路が汚れて足をちゃんと上げて歩かなければ、下駄や靴が濡れるのでついた名前で「あんこ屋」の小路ともいう。

小路の総括

以上、代表的な小路名を三十二ほど並べたが実際は百以上に及んでいる。住んでいる人が知らない場合がある。チャンチャコ小路などは二ヶ所もあり、御伊勢小路もチャンチャコ小路と云われているが、何の意味でつけられたのか記録ない。

これからの時代の移り変わりにつれ、小路名もおのずと変わるものもあるだろう。

その時代時代に有名になった人の家があるとか、奇人、変人が居《お》った場合とかで付けられるのが小路名だろう。

土崎の周辺が住宅街として増大しているがこの新しい住宅街にも小路があると思うが、小路名まで聞いたことはない。いずれにせよ、付近の住民は、小路名を付けるだろう。小路一つとってみても、昔の自分を思い出して、懐かしい思い出がそれぞれの胸に甦って来て、往時がさらに深く浮かび上がり、子供たちや孫たちに誇り伝える話も多くなるであろう。（「土崎史談会」より）

町名の由来と小路名は親子関係のようだ。

土崎港町の人びとの過去の生活の流れも実に味わいがある。この土崎港に生まれ育った者として、先人達の尽くした功労に感謝するのみである。

郷里を離れているみなさんも思いにふけって下さい。

Ⅱ

（中世）

中世の湊町

ここから昔（中世）の湊町を展開する。

土崎港の土を掘り起こせば、安東三武将の匂いがするようだ。湊城初祖とする安東鹿季、九代愛季、十一代実季湊城主が湊町を形成し、今の港町の基礎を成した。二百七十年の長きにわたった安東一族武将たちの流れを知りたい、と文献・資料である程度知ったが、文章に書き表すには難しかった。そんな悩んでいるところに〝これだ〟と目にしたのは、「秋田安東氏物語」の著者、川原衛門氏の本だった。読み進めているうちに「とりこ」になった。津軽安東三武将が土崎湊に深く関わったことを知り得た。川原衛門先生の小説から引用する。

奥羽の王者だった安倍貞任（安日王が遠祖）の何ものにも恐れない武士の強さに驚愕した。三武将は、その貞任を津軽安東一族の初祖とする。

湊城を初代鹿季は誇り高き公家の娘の御腹に宿った。兄の盛季の一声で（秋田城を打て）、西津軽郡深浦（青森県）から土崎湊を攻め、進軍してきたのは（１３９５）であった。陸路を選ばず、海路の波涛を裂いて南下したのは男鹿に着き、脇本に脇本城を築き、そこを拠点にして、二十キロ先の湊城へと攻撃をかける。この時の秋田城主は公家出身の北畠顕任といわれており、源家・平家・藤原家に次ぐ名門中の名門であった。

太刀強矢の鹿季の電光石火の襲撃には到底かなわず、力で押さえられ、容易に滅される。鹿季の猛然とたぎる表情、港曳山まつりの武者人形（出陣轟音ひびかせ湊の濫觴《らんしょう》）に象徴している勇将、太刀を振り上げる鹿季に圧倒され、しびれるほどだ。

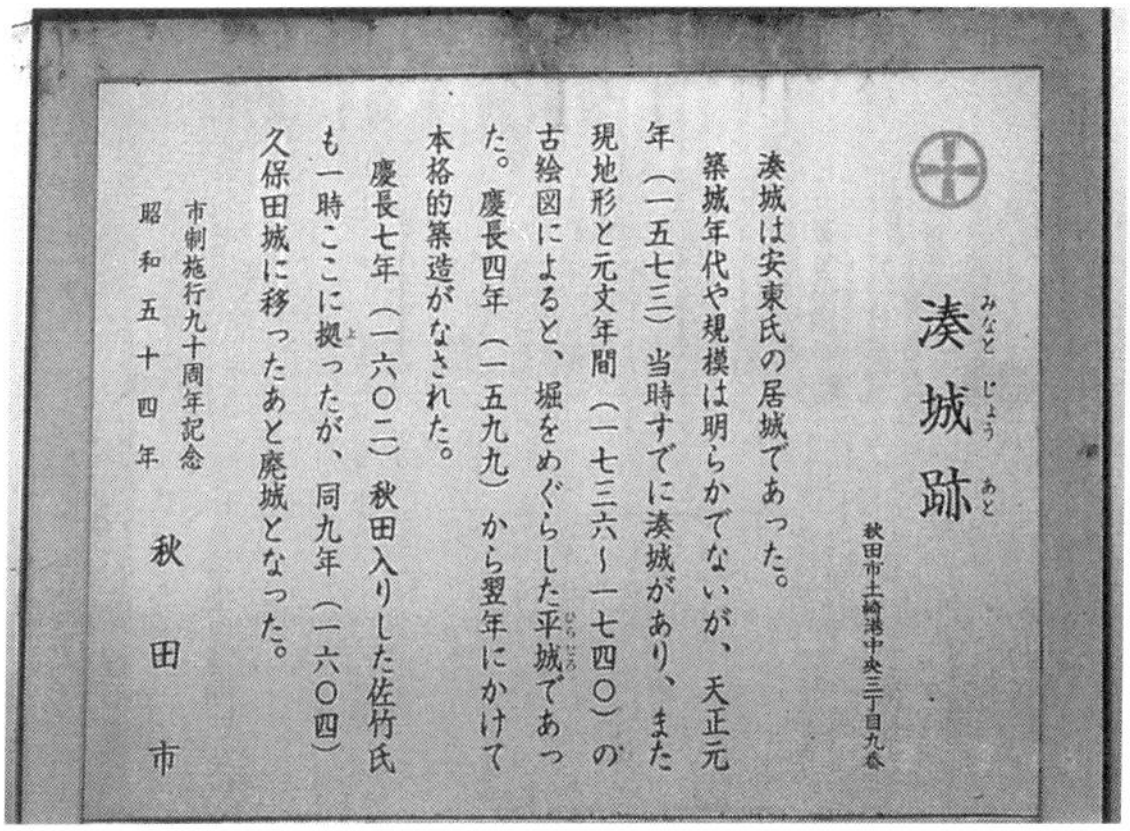
湊《みなと》城《じょう》跡《あと》
秋田市土崎港中央三丁目九番
湊城は安東氏の居城であった。
築城年代や規模は明らかでないが、天正元年（一五七三）当時すでに湊城があり、また現地形と元文年間（一七三六～一七四〇）の古絵図によると、堀をめぐらした平城《ひらじろ》であった。慶長四年（一五九九）から翌年にかけて本格的築造がなされた。
慶長七年（一六〇二）秋田入りした佐竹氏も一時ここに拠《よ》ったが、同九年（一六〇四）久保田城に移ったあと廃城となった。
市制施行九十周年記念
昭和五十四年
秋田市
中世の湊町

朝廷側の北畠家（鎮守大将軍）の女が鹿季の父の妻であり、此の尊い女性の御腹に出来のは鹿季である。吉野朝九十八代長慶天皇や北畠家氏の子孫に対して、最後まで忠烈な誠を尽くしてやまなかった安東氏を湊城主として戴くようになりましたる事実を忘れてならないことと存じます。誠に大きな土崎郷土史の聖光と申さねばなりません。

この頃の日本のできごとは三代続いた鎌倉幕府がほろび、室町幕府の足利義満三代将軍の代であり、南朝と北朝を統一した室町文化の華やいだ頃であった（金閣・銀閣寺の建立）。

川原衛門氏の「秋田安東氏物語」を読んで、一番好きそうな武将と言えば、桧山四代城主、土崎湊九代城主だった安東愛季である。才識高く、三略学祖将器（智将・勇将）で他の部将より抜きん出ていたからだ。気性も織田信長に似ているところもある。

男鹿半島脇本にある日本百景に選定になる。脇本を訪れ、自分の目で見たかった。

ここに初代湊城主の安東鹿季が十三湊（青森県深浦）から土崎湊を攻略するための拠点として城を造った。拡張したのはその愛季である。

私は、この脇本城跡の内館まで登り、脇本城跡の地に立った。四百年以上の愛季武将の連続と最後の息が途絶えた場所に自分が立っているのだ、俄に感無量が込み上げてきた。

安東一族の中でも愛季の功績はとても大きい。ここからはまた引用文でもある。

湊城は公家橘公僕《きんだち》から数えれば二百六十年の歴史をもつ、九代目嗣子が絶えようとしたとき、桧山家（宗家）の総大将瞬季《あきすえ》の鶴の一声で愛季の弟、十六齢の茂秀を湊城主に治め、十六齢だった兄の愛季を後見人にする。

ところが、湊城の後釜になろうはずの道季が愛季によって豊島場に移された。道季はこの憎しみが常に腹にあった。

それが愛季への怨念が発端となって湊騒動が寺内合戦に発展して行く。

愛季は生まれてこの方息つく暇もなく戦いに明け暮れた。比内・鹿角統一・南部氏からの攻め、そして雄物川方向への進出しようとする戸沢氏（恒武平氏の出で、角館に本拠を構える）

との交戦に身も心もぼろぼろになっていた愛季である。

この激戦中に愛季の身に異変がおこる。戦いの中止命令を出した。それは指揮を取れないほどの病魔に襲われていたのである。愛季の全身に生まれてこの方、一日足りとも安寧なしの過労で触まれていた。

この戦いで引き返すと愛季は湊城でもなく、桧山城でもなく秘かに脇本城に入り、臥床療養に専念した。多くの僧侶たちの転読式が二日間にわたって行われた。臥床の愛季もまた半覚状態－観音自在般若波羅密多……と低く口誦することが多くなった。口誦しているうち、いつのまにか、その誦経が変わっていた。

織田信長が桶狭間出陣前夜に舞い謡った「人間五十年、天下のうちをくらぶれば夢のごとくなり」と京都からの急報したとき受け取った印象のせいか、生々しく蘇ってくる。

翌日、愛季は息絶え、九月一日享年四十九齢「人間五十年」そのままである。信長が切腹したのも四十九歳であった。

愛季の大胆で物に動じない行動力に私はしびれるほど憧憬《どうけい》をおぼえた。

私は安東愛季を愛したという根拠は、この物語で大感動したからである。三十齢の美顔で容姿もいい、先祖の重厚な歴史を築き上げた安東家の家訓を微動だにもしない守り抜く愛季の武士の真髄を見た。

わが郷土、土崎みなと衆の真髄に通ずるものだ。

しかしどうだろう。もし信長が天下統一し、家康以前に将軍になり、幕府を開いていたら湊安東城主に対する信長への安土参りをしなかったことが気に入らず腹にあったとすれば秋田が不利な扱いになっていただろうか、と仮の想像をする。

〈安東貞任の系譜安東氏〉

さらに安東康季父娘の悲しい結末をどうしても書きたい。小説を読んで心の底まで沁み入った場面であるから引用を許していただきたい。

康季は貞秀（高星丸の子孫）の孫である南部（甲斐源氏の新羅義光を祖とする）と安東氏は強力な宮派同士であるが、歳月経るに従って、相互は対立する。奥羽の覇者たらんとする野心に燃えているからである。

それが両者の小競り合いが国境を巡って大規模な激突と走り、抗争が繰り返された。南部守の子、義政の謀略が始まる。安東康季の十三領内を奪い取ろうとする策である。そういう緊張の中、突然、安東康季の娘（利久姫）を夫人に戴きたいと申し込まれた。

当時は、娘たちにとって、相手が老人であろうと、近親者であろうと、お構いなく政略の具として、嫁入り婿にされた。

康季父娘の悲劇は、ここからはじまる。義政の申し込みには危惧の念は抱いていたが長い間の対立は神経が参ってしまう。縁組みによって、しばらく平穏に保てるならよいのではと願いがあった。その時は南部も同じであった。義政は利久姫の清楚で美しさを人伝えで聞いていた。心底彼女を娶《めと》りたいと情熱を持っていた。

話がまとまったのは永亨十二年（１４４０）四月である。十三領内ではお祭り騒ぎ、領民には骨休みさせて、一人当りの三十握りを賜り康季のご祝儀であった。

義政は新妻に優しく、彼女も夫を愛した。そんな愛し合う新婚生活から夢にも思わぬ悪夢の運命が利久姫に襲いかかってくる。

その悪夢とは、新婚の秋、利久姫と近臣を連れて、父子の誓いを交わすため、十三湊に康季を訪れた。康季は心から歓迎した。お互い血を吸い合った義政と父子は誓いを交わした。

ここまでは、私の感想からして、義政の義理と礼儀正しさは、武士道に適《かな》っている（私は立派な人物であると、この小説から汲み取った）。

義政は初々しい利久姫の案内で十三湊周辺や山林を見学してから気持ちが変わった。安東船の何十隻も碇泊し、ここから蝦夷・若狭・京都にも楽々と航海できる。さらに城の背後の高台に歩み進めると、至るところに秘洞の隠れ洞窟の入口がある。これには想像以上に戦略的にも重要地であるのを目のあたりにした。義政は驚嘆した。康季も義政も信頼している家族として平穏によろこびを感じていた。しかし、義政はこの十三湊を自分の目で見た途端、その意識が激変した。

〝この地をわがものにするぞ〟

南部代々の血が戦いに明け暮れる豪族として、血が猛然と湧き立つ、恐ろしい計策が進んで行く。

・安東船が次々に座礁する

・大量の豪華商品を積んだ船が海底に消える。その原因を知るのは、遠く久慈にいて、ほくそえんでいる義政である。十三湊に経済的にダメージを与える策であったと思える。

義政は、安東船の船頭や水士に金を与えて沈没させたのである。

そして次の策を淡々と練る。

二年目に利久姫を里帰りさせた「父上に甘えて参れ」、自分の夫が父の十三湊を攻略するとは露にも知らず里帰りした。

初夏の夜風の快よい五月半ば、義政は一千の兵を率いて十三湊の福島城目指して急行する。康季は義政の来襲を一早く知ったが信ずることができなかった。里帰りしている娘のいる城をその夫が攻めて来るとは？　康季は驚愕全身が震え、歯がみする音がその怒の激しさを示していた。

娘を戦火に巻き込ませないようにと唐川城に避難させた。利久姫は父と夫の決闘を泣き悲しみ、生きた空のないまま馬に乗った。

戦況は一進一退、康季は不意を衝かれたという心理的に、その差はじり〱と広がって康季は押されていく。十三湊放棄を決意したのはこの時である。

「津軽の里を去るのは無念であるが、これも天運の為すところ、再拳を期すことは、わが大祖安日王、長髄彦二神に副《そ》うことである。」

安東一族は「死守」ということばはなく、あくまでも「生守」である。徒らに死をもって敵に当たることとせず、戦況不利になれば、退く旨とする。それが先祖以来が生命を尊重し、再拳を期せんが為である、と康季は皆の前で結んだ。

利久姫の投身

避難させていた娘と三ヶ月ぶりに逢った。泣き悲しみ、痩せているだろうと想像していたのに、意外な元気で武者のように雄々しくなっている娘の姿に驚いた。

聞いてみると

毎日、弓箭《きゅうや》に励んでおります。

「さすが、わが娘じゃ」

父は一応微笑んで誉めたものの「数日後、この城も戦上になる。そなたを戦上に晒《さら》したくない、明日にでも柴山城へ避難するのがよい付添いの女や兵も一緒に」

「いいえ、父上、私もここで戦いとうございます」

決然とした拒否の返事である。

「なんと？　戦は女、子供の出る幕でないぞ」

その遺責調のことばに利久姫は、それまで堪えていた感情が一度に溢れさせた。

「でも、私は夫義政の胸板を私の弓箭で射抜きたいのでございます。」

「いや、ならぬ、それは父の為すべきことじゃ、柴山城に避難せねばならぬ。」

父はこう悟すよりなかった。

未明、利久姫一行は唐川城を出発し、付添人の侍女や警護兵数人である。三十センチも降り積もっている堅雪の上を歩くのであるから皆、かんじきも履いている。誰かに姿を見られないために、道なき道、隠れ径《みち》を選んで歩く。

一行は、日没前に峻岨な山道を踏破して折戸を越えて前に出た。ここからは眼が眩しいばかりの輝かしい海岸である。

利久姫は一行の真ん中を歩いているが、ときどき、がんじきの歩を休めて、眼中はるかに砕散る波涛や背後の絶勝に夢幻的な視線を向けていた。

また、彼女は歩き出し、一段と高い岩礁に立った。

「まあ、見事な景色――」

「深く吐息と共に感動の声を出した。

――と利久姫は鳥のように身を躍らせて眼下の波涛に投じた。

動顛した兵士や侍女たちが、徒らに右往左往している間に彼女の姿は、白い飛沫の中に呑み込まれてしまった。

がんじきが一つ波間に翻弄《ほんろう》されている。
父を愛し、夫を愛している利久姫は、その二重の桎梏《しっこく》に耐えかねて、自ら命を絶った。

（ここまでが引用）

なんと悲しい結末だろうか。涙を流すドラマ化してもいい物語だ。
「平安朝時代の平重盛（太政大臣平清盛の長男）は、ご恩ある後白河法王と清盛の間で若脳して、身を断つことになる」

重盛の残した名言

「忠ならんと欲すれば孝ならず
孝ならんと欲すれば忠ならず」

これは、法皇と清盛の対立が表面化したときのことである。悲しいかな、主君（法王）に忠誠を尽くそうとすると、大恩ある父上に背くことになる。〝痛しいかな〟全く進退に窮してしまった。
八百年前の歴史上のできごとを、今、生きる私たちに伝えられている。

湊城の終焉

東軍か西軍か。湊城主を十一代実季の関ヶ原合戦の奇策が原因となり、秋田から宍戸（茨城県）へ移された。徳川家康についていれば、江戸時代の安東氏は湊城主として安泰であったろうし、石高も五十万石に大増額になったかも。

私は幻想する。土崎港町は、日本海の雄となり、海運に長けた安東家の血流からすれば、実季の力量を見てみたい。今の土崎港は産業・文化・教育宗教を重んずる実季殿は神社寺院に力を入れ整備した町づくりをして、人口も増え、人民への総率力にもすぐれ、大土崎市に発展していたかもしれない。無限夢想のものがたりである。

安東実季殿は、民衆や土崎港町の幸せを深慮するあまり、それが裏目になったのである。しかし、その時の判断が正か否かは著者川原衛門氏の安東物語で展開することになりましょう。

宍戸への転封は秋田領（実質十九万石）から宍戸領（五万石）の大減収である。しかも佐竹氏の（常陸の領主）の広大な領土のごく一角にすぎない領土である。

さて、実季の奇策とはどんなものであったか。

奇策は家康からの書状が端を発している。書状は「会津の上杉景勝が山形の最上義元を攻めようとしているから、直ちに会津征伐に出陣し、最上勢力を援助せよ。」最上義元は（二十万石）家康に鼻を伺う忠臣である。だから実季は会津征伐に出陣することは、家康方であるのを示し、それに背くことは石田三成に加わるのを標榜するものである。

「どちらが天下人になるのか」安東氏にとっては混沌状態である。旗幟を鮮明にするのは甚だ危険である。長老たちの忌憚のない意見や希望を耳に傾けるとしての家長の鷹揚さを保っていたが、いつまでも悠然に続ける情勢ではない。

四日目に次のように言った。

「三成方についても、家康方についてもどちらが負けても、必ず城主であるわしが切腹することになろう。それは腹がくくっているから構わないが、そこに後悔が残るであろうことが気にかかる……。」だから切腹しても後悔の残らない家康方が安東氏にとって利得である。「安東家伝」「安東律義法度」にあるように、家康について負けても、自分が切腹しても、それは一族のための殉じたことにはなる。わし（実季）の決意は、家康の命令に従わないつもりである。

命令には反対せずに、表面従うように、実際は従わないのである（面従腹背）

「殿、どういうことで御座居ましょう」

「安東氏の生き永える道は一つ？」

家康と三成から憎まれないようにすることであろう。その方の味方であると思わせることである。本当は上杉氏と弓箭を交えたりしない。上杉氏もわれらの味方であろうと信じることだろう。随分都合のいい話である。やり方（奇策）は省略する。家康側に見抜かれ、実季は身の破滅がはじまる。

そして、実季は慶長七年（１６０２）五月「常州茨城県宍戸」の五万石に移される。

・安東鹿季――湊安東氏初祖

・安東愛季――湊城に君臨

・安東実季――十一代城主で港町を開発した文人

湊安東氏の碑

私は新聞記者出身の著書（川原衛門）の人間像を想像したとき、膨大で、詳細に描いたこの本に出会えたことに感謝と感動のしきりである。

川原先生に畏敬の念を抱きたい、ありがとうございました。

私は土崎港町を形成した安東武将の湊さにも心が高鳴り、この地に生まれ育ってよかった、と心から思うようになった。

私の土崎港の歴史小説は、全くまとまりのない、引用文の多用を恥としなければならない。

だが、私の郷土、土崎港町を想う気持ちを精いっぱい書いてみたいと単純な発想なので、どうか寛大に読み進めていただきたい。

碑誌

湊安東氏は、室町初期（１３８４）安東鹿季を初祖にして、中世紀末の実季まで二百年以上、治所湊城にあって善政を布いた。

戦国の世にあっても、四周の外敵を駆使して、治安を確立し、殖産興業を図って、民治の実を上げ、さらに海運の発展と経済の成長を促した。また信仰を篤くし、民情の教化を培い、文化の高揚に意を払うと共に、湊八丁の基礎を築き、城下建設に当たるなど歴史の偉業は、今日に於ける土崎港町の発展の基を成している（湊八丁は土崎本町通りのこと）。

秋田市制施行百年にあたり、湊城本丸（土崎駅前児童公園内）跡に碑を建立して、湊安東氏の偉業を顕彰し、これを千載に伝えようとするものである。

砂浜から興した土崎港三百年

土崎港は原形は砂丘だった。土崎は約四百年の歴史があり、北前船当時から日本の三津七湊の一つであり、海岸線が湾になっており、日本海の荒波が押し寄せるため、特に冬は時化《しけ》の日が多く、曇り空で日照時間も日本一短いと云われている。北前船寄港地で入り船出所で賑わう港で栄えた。

一六〇二年佐竹義宣公が土崎湊城へ入城し、大きく港町は変化していく。蝦夷地であった昔は、猟・漁が生活の中心であったが、六十キロ以上に及ぶ日本でも有数の雄物川があり、雄物川河口改修で県南からの米数の川下げ船での運搬は集積地になり、秋田経済の一大港になる。

そこに必然的に豪商が生まれ、家督制度にし、経済を牛ずる豪商が増えていく。佐竹時代を助けた時代もあった。その豪商たちの面影は消えてない。

しかし北前船で栄えたことが、土崎町民を潤し、町の形成ができ上ったのは事実である。湊八丁がその名残である。百八十軒の商家と千八百人の人々が移住した（九州・北陸・越後）この頃が港曳山まつりの伝統のはじまりであり、今や世界に響きわたるユネスコに登録された民族文化遺産の町である。

テトラ浜だった土崎港

私の隣人の亡き小野雄市あんちゃんとの六十年ぶりの文通に恵まれ、子供の頃の土崎の浜辺を懐古し、浜は母胎のようだった。いつも無心になりたい時、浜辺の砂に膝を抱えて座っている。港近くに住んでいた私の子供の頃遊んだ描写が一気に何十年ぶりに舞い戻ったようだ。

帰郷したときの無残にも百メートルも浸食され、テトラ浜になり、道路も通り見る影もなくなった姿の望郷への念が砕かれた。

ああ、なつかしいよ、ゆういちあんちゃんと十代の頃、はしゃぎ回った砂浜だ。

一九四〇年と一九九〇年の海図を重ねると、汀線が一〇〇メートルにも後退している。

日本列島三〇〇〇に及ぶダムが沈んだのだった。

国内で二〇〇メートルも後退している海岸もある。
後編で、ゆういちあんちゃんの土崎への思いを綴った詩集を紹介したい。

石原裕次郎主演「甦える大地」ロケ

秋田北港にて、秋田製錬所向い側の海に突き出た広い砂浜を撮影場所にした。土崎消防署の消防車二台砂浜に止っていた。

撮影開始直前、裕次郎の姿は見えなかったが、確か脇役の川地民夫が立っていた。監督らしい者が帽子を被っており、秋も終わり頃で寒い日だった。

裕ちゃん主演のロケが秋田港であるという情報がその朝、秋田マツダ社内に流れた。直属の上司ではなかったが、スポーツ選手で、男前も裕次郎似と社内での評判、朝のミーティング後、すぐに、レッツゴーの声で、その上司と数人の社員がロケ現場に一足跳びに走った。

当時の撮影シーンが甦える。仮の建物から一人二人と顔を出している。消防車の放水が準備していた。女優の気配はない。

さあ、監督が身ぶり、手ぶりの合図をしている、そこに裕次郎が出てきた。

〝行くぞ〟との本番だ。

映画で観るよりもタフガイさはなかった。そのシーンは、数十メートルの距離から見れる。確か薄いジャンバーの裕次郎である。放水は二本も三本ものホースから空高く水しぶきが舞い上がる。監督の指示で撮影が始まる。

頭から浴びせられる放水で裕次郎たちはずぶ濡れ、砂地を蹴散らすように大声で右へ左へと動き回る。

目まぐるしい動作だ。

カットと仮建物に戻る。

数分後、大型扇風機とホースの放水で再びシーンを始める。

日本海から吹きつける独特の砂嵐との演出の舞台だ。息もつかせぬ場面は醍醐味満点だ。

いや、その繰り返しだ。

カット、カットの連続だ。

これが目の残像として、一本の長いフィルムになるんだ。撮影時間は一時間程だっただろうか。

俳優は忍耐強くて、重労働だ。実感したよ。秋田の土崎港を選んだのは、砂浜から日本海を代表する秋田港の変貌する大地として、最もふさわしかったのだと強く感じた。

この衰えた土崎港が息を吹き返し、近代港として再び大躍進する姿を監督、スタッフが演出したのは、土崎衆として誠に感慨深いものである。

北前船で湊町栄える

十一代目湊城主になった安東実季が茨城の宍戸へ追放になり、時同じくして湊へ入城したのは、常陸から国替えで移封された佐竹義宣公であり、土崎の本格的な発展はこれからはじまる。

北前船で湊町栄える

湊の栄えは、江戸初期から明治にかけて北前船の出船入船で土崎港を潤し、湊八丁が出来上がった基となる。武士の町から町民の町、そして商工業の町へと限りなく発展したのは北前船であった。

土崎港は三津七湊の一つで、室町時代に成立した最古の海津法規である廻船式目は日本海側の要港として栄えた。津は湾などの地形、湊は河などで船の停泊に便利な所の意味である。

三津とは安濃地（伊勢）博多津（筑前）堺（泉）をいい、七湊は三国（越前）本吉（加賀）輪島（能登）岩瀬（越中）今野（越後）秋田（出羽）十三（津軽）即ち越後から津軽の海岸にある屈指の湊七つのことである。津は港湾都市、湊は船着場、港は水といった。

室町幕府には、古来馴染の深い日本航路で福井県の敦賀や小浜に至り、さらにびわ湖の水運を利用して、南岸部から京都に赴くことができた。その海運力は比較的安全に最大限利用した京都の権力と結びつくことが可能だった。地方の文化を進めるにも役立った。安東氏が水軍に勢力の拠を持っている大豪族であるだけに、とても有利だった。

北前船は、すべて物資の輸送を一手に担い「天下の台所」をがっちり支えた。経済の大動脈が北前船だった佐竹藩時代は藩の神様と言われた。藩の財政にとって「ドル箱」だった。

北前船の造り

江戸時代から明治にかけて北海道、東北と西日本を結んだ日本海の西廻り航路は経済の大動脈であり、補助海で発達した弁財船が用いられた。帆は中央の本帆と軸先に張る補助の帆である弥帆を上げている。帆布は天明五年（一七八五）に発明され北前船の性能を飛躍的に向上させた松右ェ門帆を用いている。船体の材料は、当時一般的に使用されたスギを中心に、ヒノキ、ケヤキなどである。

荒波を切り裂く鋭い堅牢な船体から日本海を行き交う勇壮な姿がイメージされる。

江戸時代後期の千石積（一升びん十万本分）で全長三十メートルの北前船が一般的な姿だった。

（「土崎みなと歴史伝承館覧示板」より）

土崎港と北前船

米や魚などを積んだ船は、瀬戸内海を通って大阪、江戸へ向かう西廻り航路と津軽海峡を通って江戸へ向かう東廻り航路があった。

西廻り航路を通す船主自身が商品を売買する積荷方式の船を「北前船」と呼んだ。東廻り航路は太平洋の黒潮の流れに逆らって廻らなければならないため、当時の船では航海が危険であり、費用もかかったから、「西廻り航路」が開設されたので北前船を利用した。

土崎湊から出る荷物は「沖出物」と呼び、米・大豆・小豆・そばなどの農産物や秋田杉、海産物だった。これに対して、入荷は地元でできない木綿・古着・繰綿など衣類・塩・紙・茶など過半数を占めた。

廻米は「藩営の胆米」「商人の取引された」米、延宝（１６３７〜１６６０）の廻米は一手に三万石というものが例であった。商米は十万石に達した。上り船も下り船も土崎湊から出る。これらの荷を取り扱うのは、家督相続と呼ばれる商人であった。藩から専売権を付与されていた商人には久保田の家督町に従属していたが、寛永元年（１６６１）土崎湊役場（現小鴨町）の設置によって、久保田並みの家督商売が許されるようになった。

家督相続である家督商人の代表的な商人は問杉五郎八問杉小路といわれる大きな屋敷に住んで

いた。豪商と呼ばれた土崎港の廻船問屋の白眉級、企業独占した商人で、商人間の競争もなく、財を蓄え、富み栄えた。

藩の借り上げ御用金は、筆頭の問杉五郎八や船木勘左ェ門・山田伊左ェ門・越後谷惣左ェ門たちであった。

藩は御用金に対し、一応の証文を渡したが多額の冥加金を上納した者や御用金に応じた富豪者たちは、その代価に「名字帯刀」を許し、「士分」の資格を与え、御用金の証文を空証人にした。

北前船当時の中心勢力の商人の居住町は、廻船問屋たちは湊の上酒田町から加賀町などの湊の近い街道筋に小宿の衆を併せて棟を並べていた。その数は百八十棟『八丁夜話』には「問屋、小宿の盛衰次第、一郷も又、盛衰仕之候」とある。

湊の景気は問屋小宿によって左右され、その影響は「湊のみならず、在郷一帯におよぼす」というから土崎湊は大変な存在だった。

業種を解説する
附舟は水先案内
廻船問屋大卸商人（今でいう元卸）
小宿は中間商人（今でいう仲卸）
蔵宿は倉庫業

これらの中心勢力は、企業を独占した商人で競争もなく財を蓄えた。
天明八年（1780）幕府の近見視に随行した古河松軒（地理学者）幕令により、江戸近郊や地誌を作った『東遊雑記』に、湊の繁盛を「このところ、秋田大都の産物この浦に出し、交易の所にて中国・九州及び大阪の廻船、この湊にいるなり、このゆえに町もあしからず、千三百余棟、媚家（女郎屋）もあり、賑わしきまちなり、久保田の本町よりも湊町の方がすぐれたり」と書いている。湊経済の繁栄のほどが知られる。

15，000両×375グラム＝90万匁
90万匁×60倍＝270万両

（「土崎発達史」より）

当時の一両は今のどのくらいに当たるか？
よく時代もののドラマで悪代官に町人や商人が小判百両とか二百両とかを贈賄する場面がある。それを想像して下さい。

日和山と悲恋ものがたり

土崎のある小路に半農半漁の人たちが住んでいた。その小路を日和見小路と名づけていた。おそらく海の漁に出かけるときに天候具合を予測するためだったでしょう。日和山をつくってそれを根拠にして、日和見をしていたと、思われる。

ここから五十嵐祐助さんの記事を借ります。

日本の荒波を航海する船乗りたちの北前船は重要な意味を持っていた。土崎湊と密接なつながりがあった男鹿半島は北前船の航海上のメルクマールであった。

日和山は日本の港の入口の小高い丘が「日和見」と呼ばれているところが少なくない。その港の予報官にあたる日和見たちは、この山に登り、方角石などたより雲の立つ方向を調べ狼煙を上げて天気のよしあしを知らせた。今でいう気象士である。

日和見が経験をもち、絶大な権限をもっていたとされる。

日和山には、方向石が置かれ、男鹿半島戸賀湾北側の台場の日和山は大きさ四十五センチ、厚さ十センチがあったようだ。

土崎に寄港する北前船は、土崎は河港であり、悪天候のときは入港できないから日和見するため、船川に停泊し、馬で土崎の港の河口のようすを確かめて出航したとする。そのため、日待ち港として重要な役割を果たしていた。従って船川港は北前船の重要な拠点であった。

日和山は北前船の日本海側に中世から三津七湊といわれる寄港地に置かれていて、秋田県側は金浦、土崎港、戸賀湾、入道崎にもあった。

男鹿半島には次のような悲恋物語が語り継がれている。

加賀の国からやってきた商船の船乗りの若者と村一番の美人の娘が恋に落ち、情愛深まって行く。男鹿での仕事を終え、帰りの船へ船積みし、若者は娘に今度来るとき、必ず故郷の美しい椿の実を持って来ると約束した。しかし、約束から三年目の秋、娘は能登山から海を眺めて暮らしていた。寒い冬がやってきた。若者はついに帰って来なかった。恋焦がれる娘は、若者が難波して死んでしまったものと思い、悲しんで海に身を投げた。

まもなく、再び村へやって来た若者は、娘さんに椿の実を渡そうと勇んでいた。しかしその事実を聞いて深く悲しみ、村の岩山に約束した椿の実を植えたというのである。

それは現在「能登山」と呼ばれており、ヤブツバキの自生北限地帯として、国の天然記念物指定され、春には自生の椿が花を咲かせる。

この恋に落ちた若者と娘さんの伝説は聞く人びとの涙を誘う悲恋物語である。

(五十嵐祐助氏の「北前船日和山之景」秋田県男鹿市観光文化スポーツ観光課より・資料提供者、元高校教員(私と高校同級生)鐙敏春氏)

あんこ椿の恋の花という歌が、私が若い頃職場で男鹿半島めぐりで、秋田市営バスのチャーミングなバスガイドさんが美しい歌声で聞いたことを思い出す。また春先になれば、妻が息子の小学校入学記念にと背丈に合わせた椿の木を植樹し、五十年経つ今でも一本の木から五十輪以上の花びらが咲き誇ってくれる。

私は男鹿市役所でお会いした五十嵐祐助さんと別れた後、椿の群生する椿港に向かい、岩山の現地を訪れた。案内看板のある郵便局真向いの小高い山にぎっしりと椿が並んでいた。椿港に顔をむけている、季節柄、花はすっかり落ち、青く澄んだ葉が密集していた。この椿の群主は泣き悲しんでいる村の娘さんを抱きかかえているようだ。

私は、二人の若者の悲恋物語を来春の咲き誇る頃、見たいと胸に刻んできた令和五年晩秋。

※能登半島地震（令和六年一月一日発生）で四百年前北前船寄港地となった土崎港と男鹿の椿港の悲恋物語が一気に蘇える。

能登と（石川県）土崎港（秋田）の歴史的つながりが能登地震が発生したのがあたかも偶然かのように思えない、能登と秋田の絆が再限させているようだ。

能登の若者（北前船の船乗り）と村一番の美人娘が恋仲になり、固く約束した椿の実を見ずに椿の海中に身を投げた。若者の持ってきた椿の実を小高い丘に植え、椿の群生する一帯を能登山と名づけている。

III

（近世）

佐竹義和《よしまさ》

名君といわれた九代藩主（殿様）は苦しい経済の立て直しや、子供たちの教育の向上などに大いに力を入れた立派な藩主だった。

「天明の大飢饉」があり、農民はじめ、多くの人々が食べ物がなくて生活に苦しんだ。

義和藩主は、勘定奉行、町奉行、評定奉行、財用奉行などをおいて、政治の仕方を固めたり、農業を発展させ、農民の生活を高めるために、畑を荒らしておくことを禁じたり、利益のある産物を禁じたりした。また、空地があったり、杉、柔、あい、そばなどの作物を植えることをすすめた。

それらを郡奉行（地方の役人）が買い集め陸路や雄物川下りで、土崎港に集め、ここから船で大阪や江戸へ売り出そうとした。それに協力してくれた商人や力のある農民を武士に取り立ててやった。

この他、林業や鉱山を高めることにも力を入れ、荒れ果てている山林をもとに戻すために植林を集めた。また、海岸の防風林をつくって、農地の荒れるのを防いでくれた。

「栗田定之丞」も忘れられない一人。

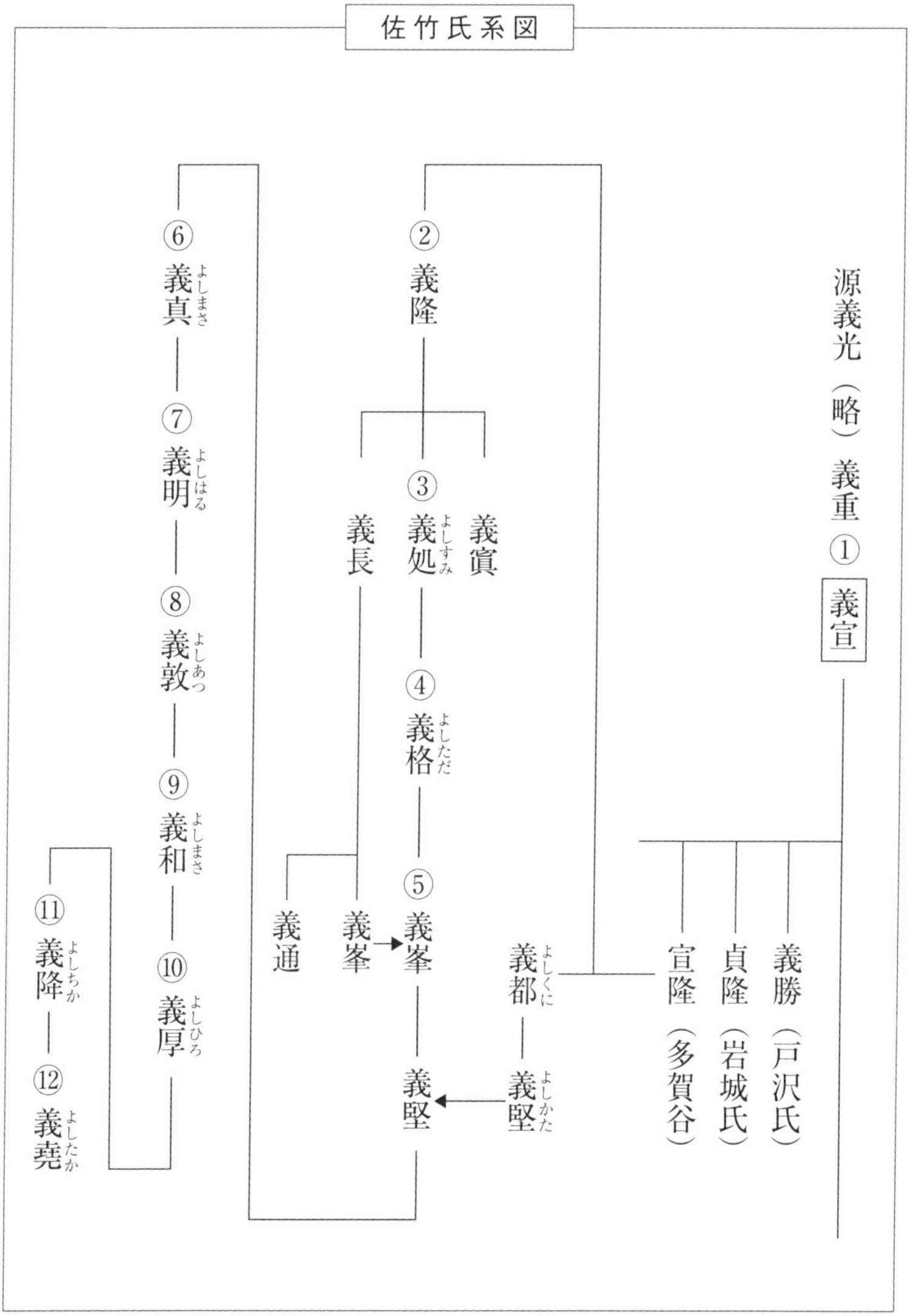
佐竹氏系図
源義光（略）義重
①義宣
義勝（戸沢氏）
貞隆（岩城氏）
宣隆（多賀谷）
②義隆
③義処《よしずみ》
義長
義寘
④義格《よしただ》
⑤義峯
義峯
義通
義都《よしくに》
義堅《よしかた》
義堅
⑥義真《よしまさ》
⑦義明《よしはる》
⑧義敦《よしあつ》
⑨義和《よしまさ》
⑩義厚《よしひろ》
⑪義睦《よしちか》
⑫義堯《よしたか》

藩主義和の政策でもう一つ大きなものに学校（藩校）を建てたこと。明徳館だ。

ここでは、学問を学ぶことや武芸を学ぶことの両方に力を入れ、すぐれた人たちを世に送り出している。

このように政策を成し遂げた名君義和は、一方では藩内の人びとや家庭への大変深い学者であった。さらに和歌、詩、茶道、書道にもすぐれた文化人でもあった。

江戸幕府の大政奉還、王政復古によって、廃藩置県となり、藩政が改組となった。

それに伴って、二百六十年の秋田藩政は十二代藩主佐竹義堯公で終焉を迎えることになった。

初代秋田藩主佐竹義宣公は慶長七年（一六〇二）常陸国五十四万八千石から秋田二十万五千八百石の国替えとなった。佐竹藩政による土崎港は大変栄え、名実共に日本海側の重要港湾の基となったのだ。

上古から明治維新（一八六八）まで転開した土崎港の歴史は真に港に生きるわれわれに大きな遺産と港気質を残してくれたと思う。

その意味で、これから以降書き進めるのに港衆の真髄をたっぷり披露します。

その皮切りに港の築港運動と港曳山まつりへ移る。（顔ぶれは後述）

湊繁栄と衰退

土崎港の人口　佐竹藩公の時は五千八百人

戊辰戦争の時は一万六千人

佐竹時代の土崎は、秋田を代表した港湾であり、新潟、酒田と並び称されていた。その繁栄の原因はどこにあったのか、具体的に挙げてみたい。

第一に全国的な関係に於いて、小国分裂の自給自足の経済から、全国が徳川幕府に統一された国民経済へと移行されたからである。

第二に秋田の国内が小領主によって、分割されて所有されていたものが、佐竹藩の秋田転封によって、大きく統一されたからである。

第三に地理的な条件に恵まれていた。雄物川が雄勝、平鹿、仙北を貫いている流れの下にあるばかりでなく、佐竹家の御城下久保田に帰属しているという好条件をもっていたからであった。つまり「河口河」であったというのが絶大な利用価値をもっていたためである。

第四に運輸交通の機関としては船は唯一のものだったと言える時代だからであった。大変に早く物資を運び得るものとして、船に勝るものはなかった。

第五に和船時代だった。和船を造るには、制限があったり、（次第に大きなものを造り得るようになったとしても）そうした和船としては、それほど河口の深さを必要としなかった。

第六に秋田の生産関係であった。即ち生産されるのは、殆ど農産物に限られており、他国から買い取らなければ需要を満たすことはできなかった。いわゆるその時代の文明に遅れ、工業生産の方法は遅れ、加工的な物産を持たぬところに文化的な欲求の進むに従って、需要も増大したからであった。

　また物産を国外へ送り出し、売り出すために、土崎を利用しなければならなかった。大量の米穀の移出を主としたからであった。

　要するに、秋田の経済の基礎は『農業力』だからであった。

　第七に秋田人に対し、廻船問屋が交易業を一手に把握していたからであった。反面、繁栄から衰退へとなった要因。

　土崎港は、いつも日の出るような勢いで繁栄を続けたかというと、決してそうではなかった。

　第一に直接的打撃を与えたのは、秋田凶作、飢饉であった。その飢饉は秋田ばかりでなく奥羽全体に乃至《ないし》は全国に亘っていた場合があった。

　秋田国内の飢饉では第一に移出である農作物ができなかった。すなわち生産の減退、または消滅をきたした。従って土崎湾からの移出が止まり、廻船問屋も中卸しもその他の労働力も手が空いてしまって、収入が減った。同時に物価も値上がりしているから買う力などなくなるのであった。

　飢饉は秋田国内ばかりでなく、奥羽一体の場分もあり、ときには全国的にもなった。

　以上のような事実によって、佐竹藩の財政も影響していたのはいうまでもなく、『沖ノ口後銀』移出入税がすっかり減った。

　第二に火災のため、繁栄が奪われたことは想像以上のものだった。消火機関が不完全なことで、一度大火に遭うと、全財産が失う場合が多く、目抜き本町通りをほとんど焼き払われる場合が多かったから、損害も甚大だったかもしれない。一物も残さず、失ってから新たに建設直しをやるのだから速時、もとの富力を取り戻すわけにはいかなかった。

第三に藩政の困難な結果は藩礼の乱発となり、経済恐慌をきたし、または問屋などに多額の御用金を申しつけ、直接間接問屋を疲弊させ、延《ひ》いては土崎港の繁栄にまで影響を与えた。土崎港発達史より

二百六十年の佐竹義宣藩主から十二代義堯藩主の長きに亘っての殿様と過ごした港の人びとには、きっと共にした哀歓を忘れることはできなかったことと思う。

そして、それを伝え受けている今の私たちがここにいるのだ。ロマンの中間で〝嗚呼《ああ》土崎〟よ〝土崎よ〟衝天意気に感じ、時には奈落の底を舐《なめ》る尽くした先人たちよ。

若き辰蔵の自殺（豪商間杉五郎八の嫡男）

それは、安永四年（一七七五）五月末のことである。久保田のお城からトボトボ戻ってきたのは、まだ二十七齢という若さの辰蔵であった。五月といえば、あたりの風景は新緑に色どられて

青年の胸を明るくそそる頃で、他の通行人は何の屈託もなさそうな明るい表情に満たされているのに、辰蔵ばかりは腕組みをして深く思案にくれていた。

青ざめた顔、吐息、そして通り橋に差し掛かった。辺りは人気のないのを見すましてから、ふと足を止めて脇差しへ手をやった。このまま湊へ帰って、どうして大阪から来ている商人たちと顔を合わせられようか、と思った。もはや、一歩も足は進まなくなった。

正直一途の辰蔵は、そのまま咄嗟《とっさ》のうちに橋の欄干に半身を持たせて脇差しに力を込めて自分の腹を突いた。

早くもこれを見つけたのは、通行人たちで兎角、どこか近くへ担ぎ込んで介抱しようと、虫の息になった辰蔵を抱えて、通り町の八百屋吉兵衛方に担ぎ込んだけれども、辰蔵はそのまま絶命してしまった。

何故、そうして切腹しなければならなかったのか、それには深い訳がある。辰蔵は間杉家十代目の五郎八の長男である。

藩から専売特許権を与えられた商人たちは久保田の家督町に従属していたが、寛文元年（一六六一）土崎役場の設置によって久保田並みの家督商売が許されるようになった。

家督とは後取りだが、旧民法では戸主の身分に伴う権利、義務であり、従って、代々湊からの移出入品の取引はすべて独占していた。

前述した凶作や天明七年（一七八一～一七八七）の天明の大飢饉で藩の財政窮迫は深刻をきわ

め、藩内の富豪家に対して借上御用金の上納を命じた。その対象の第一は、家督商人、宝暦十二年（一七六二）湊の問屋や小商御用金の借り上げを仰せつけた。

何せ「御町民の力を御借りなされた」
「候になくして候ては」どうにも抜けられぬ
「底をついた」状態であった。

問屋や小宿は家督商人で特に藩の保護のもと代々の企業を独占して家業の基礎を築いて安泰であった。藩に差し上げた御用金は莫大なもので、天和年中（一六八一～一六八四）天明七年（一七八一～一七八七）までの間に上納した全殻高は三万七百九二両余りに達していた。いかなる大富豪でも限界があり、間杉家として底をついた。

そこにきて、安永四年（一七七五）江戸城へ参勤のため、江戸に在った八代藩主義敦は帰国に当って大名行列を以って久保田までの道中費用がなくて帰ることができなくなった。

そこで藩主は間杉五郎八、船木助左ヱ門に至急藩主の御用入り費用壱萬両の調達を申し渡した。

藩主からの書状は次のとおりであった。

平元茂助のところへ手紙をつかわして、この際、士民の苦しみは見るに忍びないが、帰路がのびては、一国の大事であるから、一旦の苦しみを忍んで入国することのできるような取り計らいをしてもらいたい。間杉や船木は感心なものであるが……。とにかく一総力を合わせて、一国の大事を切り抜けれるようしてもらいたい。先祖より舊恩を報ゆるのはこの時だと思うから、よく考えてもらいたい。

という意味のことを書いた手紙だった。

　平元茂助は、これを間形と船木に示して壱萬両必要であるが、なんとか方法はないだろうかと持ちかけた。助左ヱ門は自分の手ではできないということをおくれながら申し上げたが、五郎八はその殿様からの御直書を拝見して、

「藩の庇護あって今日ある身なれば、御受けしなければなるまい。」

と承諾したものの、度々の御用金上げで一万両の大金は手元にない。そこで御蔵米を払い下げるということの約束をして、その代金として、壱萬両をつくることにして引き下がった。

　辰蔵の悲劇はここから始まる。五郎八は老年のことであることから嫡子の辰蔵（二十七歳）を大阪へ走らせ、五郎八の名を以って、大阪商人と米の売買契約を結び、壱萬両だけの米をあとで湊で渡す約束のもとで前金を借りて、それを藩の大阪屋敷へ渡し、江戸おもてへ届け、藩主義敦は六月三日江戸を出立、同一九日久保田に帰国できた。

　首尾よく父の代理をつとめた辰蔵は港に帰ってきたが、その内大阪からは約束どおりの米を積み取る船で下って来た。辰蔵は藩庁へ渡してくれるよう訴えた。

　安永五月晦日、藩庁からの召出しによって、久保田に登ったところ、藩重役の言うに「米は差支えがあり、（米はない）何ともしょうがない」から其の方の所存によって大阪の商人を程なく取り扱って返すように、ということであった。

進退極まった辰蔵の自殺はこうした深い事情からであった。

父の五郎八は辰蔵の死を「病死と届け、あらゆる手段を尽くして、大阪商人に対して米穀、金子（きんすという四進法）小判一両は四分、一分は四朱従って一両十六朱」を渡して違約という恥を晒すことなく事を済ませた。

（「土崎発達史」より）

土崎のみなさん、私はここで想像して見たくなります。間杉五郎八の先祖は生国越前（今の福井県）同国の兵乱を免れ、永禄一年（一五八八）父子共に土崎湊殻保町に住居を構えた。先年より御用達に任されて湊に根を下して大商人になり、九代目の五郎八は商人の白眉級といわれる豪商になった佐竹の殿様に最も力にされていた秋田の金蔵《かねぐら》みたいになった。江戸幕府は地方の大名に財力をつけさせないための参勤交代であった。だから藩主にしてみれば財力のある豪商をバックボーンにし、藩の経済力を支える商人たちを、そばに置いておかねばならなかった。今でいう多く取れる税収元の大企業である。制度も仕組みも確立していなかった江戸時代はひとたび一難があるとこの上下関係は脆くも崩れて殿様も商人も共倒れになる。

間杉家は存続したとすれば、当地土崎港では最も古い家系となり、おそらく二十代にもなる大旧家となっていたであろう。

豪商間杉五郎八の商人の血の一滴でも我々に宿っていたと妄想的に思ったりする。

当時の参勤交代の大名行列一行は百人とみて、江戸から秋田に戻る道中の一九日の費用を見積ってみると（1日／2万円×100人×19日＝3800万円）それに諸黄用入れると倍の費用になるのでは、と勝手の想像をする。

湊っ子の気風の発生

湊に商船（北前船）の出入りが多くなるに従って、移住者も増していく。殊に慶長年間（江戸初期）はまだ『新開地』の気風が満ちており、建設の始まったばかりの湊であった。

その頃の移住者としては、北陸方面からの人が多かっただろう。その人たちが沿岸の湊々と伝わって、敦賀あたりから来る船が多かったであろうから、自然に越後、能登、越中あたりから移り住むものが多かったろう。新興の湊であったり、船乗りを通じて、その繁栄ぶりが評判になっていたに違いない。船員として湊に上陸したものが、この地で妻を得て、永住したものが腰を落ち着けてしまったもの。働き手が不足しており、なんでも儲けられないものはない。といった状態であったらしく、土着の農民や漁民は商売にはほとんど知識がなかったであろうから、結局は『船頭』などの商業に慣れたものが、つまり仕入れと運送と販売を知っているものが、新しい『湊人』として、メキメキと頭をもたげたものと思われる。

そうして、新しく『湊っ子』となった人たちにひとつの気風の表れるのは当然でなければならない。それは、大部分が『船乗り』として湊に来たものたちであると思う。

昔の商人の成り立ちというのは、漁師からとなっている。

わが土崎湊へ来て、商売を始めたるものの素性もやはり、漁師が次第に交易の船の船員となり、あるいは、船頭となっているうちに廻船問屋を始めたことであろう。とにかく『湊っ子』には、荒波と戦った漁師や船乗りの不屈な冒険の魂と勇敢さが宿っており、そうした漁師や船乗りの持っている刹那《せつな》的な享楽性や知識を必要としなかった単純さが故に、その慶長年間のころから『特性』として、無意識に子孫へ受け継がれたと思われる。（「土崎発達史」より）

海賊と商人魂

「今から三百七十年前」

「おーいその船まてッ」と叫びながら近づいた海賊船のために押されるように動けなくなった。帆を上げて走ってきた一般の小さな漁船だった。

そこは秋田沖から遥か沖合であった。海賊たちは、大刀を抜いてドカドカとその小船に乗り移った。ところが四十五人の漁師の男たちは、上辺《うわべ》にひどく驚き、虞《おそ》れたような様子で助けてくれと、言わんばかりに黙って無抵抗を示した。海賊たちは大刀を振り回しながら、船の中を見廻して失望したような顔になった。

「おい、この船には品物を積んでいないのか。」

「ハイ、これは魚を取る舟で然様《さよう》なものは持って居りません。」

「ハイ、あるものは綱や苫《せん》ばかりです。ほかに何もありません。もし疑われるなら、どこでも探してください。〝生命ばかりを〟

どうぞお助けねがいます。それは頭を下げて哀れ身を乞うのだが、どこか落ちついた大胆さが見られた。

海賊たちは「貴様たちの命をとってもしょうがない、漁船だからといってここいらをうろうろすると承知しないぞ。」と罵《ののし》りすると、大きくうねる日本海の荒波は木の葉のようにもてあそばれている。その漁船の中では乗っているものたちががらりと態度を考えて、みんな大きな口空けて笑い出した。それでもホッとしたような顔して

「さあ、湊へ急ぐんだぞッ。」と叫んだ。その顔には何ごとが起こってもビクともしない、大胆な商魂が見えた。

小舟の帆にいっぱい風をはらんで、やがて秋田湊の河口が近く見え出すと、勝ち誇ったような笑顔や唄の声が舟の中からおこった。舟底や苫の下をめぐって見ては海賊船が底にでも見えるように波の彼方へ振り返って、子供のように赤い舌を出さんばかりにして笑い合った。その舟底に入っていたのは「敦賀」から積んで来た茶、紙やその他の小間物であった。

こうしたわずかな品物が陸揚げされると、町の人たちは目を見張り、誰も彼も貪《むさぼ》るように、これを欲しがった。

「命がけで積んで来たものだ。安い金じゃ売れないよ」

なにしろ、日用品は全国にうち続く戦乱のため、他からほとんど持ち込むことができず、海上

といっても、そのとおり海賊船が横行するため、そのように命がけでやらなければ、交易は行われないのであった。

（「土崎町史」より）

大漁船で大にぎわい

隣のオガ（母親）も大漁船から下される荷上げの女性のどやく（仲間）であった。必ずといっていいほど、私の家にも、とれたてキトキト（取れ立てのほやほや）のにしん（かど）然もぶりこのいっぱい詰ったのを持って来てくれた。

晩ごはんに大根おろしをつけて、食べるのは最高だった。私はお返しに、いつもレンガの釜でごはん炊きするのが役目だったので（一回二升程）炊き立てのほやほやのまま（ごはん）をどんぶりに天こ盛りして届けたもんだ。

そのオガも家に戻ってからままこしゃ（始末）するので助かったなあとよろこんでくれた。お互い貧乏暮らしでも助け合う情のある時代だったから、たのしい生活だったよ。

土崎港の朝の情景

「にしん船、今日も大漁だ、岸壁沸く、赤銅色のオド等、戻る安緒のオガたちが、漁に出たオドたちをむかえるオガたち」

けれども、その陰には、時化《しけ》に遭い漁船の転覆することだってある。その情報が入ると、おれのオドまだ帰らねえ、おめのオドもだが、海に放り出されたべが、大変だ、大変だ。泣き叫ぶオガ。オド、オド、どうした、魚なんもいらねえ、早ぐ港へ着いてけれ。居ても立ってもえれねえ半狂乱のオガ。

こんなことだって、男たちには危険はつきものだ。日本海は季節の変わり目に一夜にして吠えるごとく荒れ狂う海だ。それでもオドどもは大漁の大醍醐味と家族の生活を守るために命を張って出漁するのだ。

ここにも**港衆の真髄が湧き立つ。**

戊辰戦争で土崎も戦場

戊辰戦争は、慶応四年（1868）五月、江戸で旧幕府を守ろうとする彰義隊との激しい戦いが起こり、それが戊辰戦争のはじまりである。

戊辰とは、この年の干支が「戊辰」なので干支を戦争名とした。徳川幕府は終焉したが、封建制度の残滓《ざんし》（カス、くず、ごみ等のことば）と民主主義の対立から始まった戦争でもあった。

慶応三年（1867）「幕府政治が行き詰まり、十月十四日将軍徳川慶喜は政権を朝廷に返上した。」これで徳川幕府は倒れて政治の中心は朝廷に移った。〝大政奉還〟そして、王政復古になる。天皇中心とする新しい政治をつくり、幕府を倒すのに功績のあった薩摩藩や長州藩が実権を握るようになる。

ところが世の中変わっても二百六十五年もの長きにわたって幕府に忠誠を誓ってきた諸藩たちや武士たちは、ただちに新政府の言うとおりにはならなかった。そこで幕府に忠誠を誓ってきた諸藩を武力で討つことにした。

それが戊辰戦争である。

戊辰の後の戦下は東下し、江戸城を占領し、奥羽の地（福島の会津若松の白虎隊で有名）が悲惨な戦場になった。

戊辰の勃発によって、久保田城下の咽喉に当たる要地、土崎の整備に軍将眞壁安芸以下六百十四名の佐竹軍は蒼龍寺に本営を置き、善導寺、正光寺、海禅寺、満船寺を営所として兵員の陣営をした。

戊辰戦争の展開した秋田戦場への数多くの約八千八百名、西国諸兵（九州各藩）が派遣され、能代、船川、脇本、土崎の各湊に上陸し戦場に向かった。土崎港には、佐賀、鹿児島、長崎の各兵士三千九百余名が上陸した。戊辰戦争は九月中旬に戦闘が終止する。

土崎港は、戦時の重要な軍事港としての役割を果たした。

戦上の攻防を少しだけ書くことにする。

政府軍は秋田藩に肩入れしていた。それは白石同盟を破って、新政府を支持したからである。

それでは白石同盟とは、鎮撫使一行は最大の敵である会津藩や庄内藩を倒そうとやってきた。「秋田藩は武力で倒さずに、降伏の機会を与えることが大切だ」と鎮撫使の総督に願い出た。しかし長州藩士の参謀の世羅修蔵は「奥羽は皆敵だ」と罵り、武力で倒すことを変えなかった。そこで驚いた仙台藩や米沢藩は仙台の白石城に代表を集めて協議した。武力で倒すのであれば、それなら我々も固い約束をしよう。こうして成立したのが白石同盟である。

それでは、なぜ秋田藩は白石同盟を破って朝廷側に寝返りしたのか。

秋田藩の家老の多くは白石同盟を守ろうとした、が中にはその同盟を破棄して薩長と行動を共にすべきだとする藩内の対立が激しくなった。東北の各藩は秋田藩の態度に不信をもって遂に秋田藩を取り囲んでしまった。ここで仙台藩の使者十一人が白石同盟の実行を迫ってやってきた。総督府一行を引き渡すことを要求したのである。

藩内は荒れに荒れた。勤皇か、それとも新政府と戦い、朝敵と汚名をかぶって白石同盟を守り、東北の各藩と「行動をともにするか、どうか」藩主佐竹義尭は苦悩に満ちた。明徳館にいる鎮撫使一行をたずねた。しかし「何としても庄内藩を討たないのか、仙台も米沢ももはや賊である ぞ、朝敵であるのだぞ」といわれるだけだった。

城中で会議を開いて三日なっても一致しない。奉行の鈴木吉左エ門は責任を感じて自害した。その夜、初岡敬治を先頭に砲術館の二百名ほどが家老宅に押しかけた。もう一人の家老の二人に白石同盟を破り捨て、新政府に味方しろ、さもなければ命を頂戴するぞ「われわれは藩から独立してでも戦うぞ」と言い切った。小野岡はこのまま決めかねていると秋田藩は分裂してしまう。

「殿、白石同盟の破棄を」と願い出た。

同盟に走り廻った戸沢村十六夫を何とする。

わしが（佐竹義尭）が同意と口をつむんでしまった。

翌四日、義尭は明徳館に宿泊していた鎮撫使一行をたずねて討幕を誓ったのである。

藩主が同盟を破棄したからには、仙台藩の使者は敵である。その夜、吉川安孝を中心とする砲撃館の三十四人の同志が仙台藩の宿舎を砲撃し「天誅を加えるぞ」といって六人を殺害、その首を川反五丁目橋に晒《さら》し、さらに五人の首も跳ねた。

これによって藩論は瞬く間に勤皇に統一された。だが不安を感じた仙台藩、庄内藩、米沢藩に一矢を攻め込まれることとなった。

特に秋田藩に従った矢島藩、本荘藩、亀田藩は先発隊として奮戦が、寿慶寺他の寺も次々に火をつけられ、城内各所に放火され、藩主は（生駒親敬《いこまちかゆき》）は日照坂（東由利）に身を隠さなければならなかった。大館城、横手城、本荘城も焼け落ちた。

農民は収穫期の田、畑は荒らされ、ことばに言い表せない悲惨な結果となった。勢いに乗った庄内藩はさらに集争して椿（雄和）の激戦にも勝ち、仙北刈和野まで攻めてきた。

「半日で久保田城と城下は焼野原になる」

その時、薩摩、長州、佐賀の新政府軍が土崎港にやってきた。佐賀藩の兵は、岩城町道川に置かれていた庄内軍の本営めがけて、海上の船から砲撃した。新政府軍の応援と新しい武器によって今度は秋田藩は反撃に移った。

この戊辰の戦いは九月二十二日の会津藩の降伏によって、新政府軍の勝利に終わったが、藩内はほとんど焼野原となり、農民は年貢を安くしてやろうと、勝つために一生懸命戦ったが何の報いもないことを知らされた。

この戦乱で焼失した家屋は六〇〇戸、戦死者は六〇〇〇人にも及んだ。八橋の金良寺には薩摩、長州、佐賀藩など十七藩に及ぶ五二三基の官軍基地がある。

明治の世になって、秋田藩の武士たちは、勤皇に味方したということで、意気揚々として、新政府の中で強い発言をしようとしたが、新政府にオランダからの砲丸を買い入れたときの借金を指摘されたり、藩財政が赤字のため、藩札を未だ発行しているのを咎《とが》められたり藩第一の実力者、初岡敬治が誤解を受けて、とらわれ人になるなど、戊辰戦争で多くの犠牲を払いながら、逆に弾圧されたり、新政府は薩摩中心にしたものであることを思い知らされた。

（「土崎発達史」より）

慶応三年十月（1867）大政奉還される

三百年近くつづいた江戸幕府も終わり、八〇〇年の日本の武家社会もすべて終わりになった。明治維新を以って近代文明へとすすんで行く。

浅い河口の悩み

土崎港は、時代の波代の流れによって、物資の輸出入廻船で大いに賑わい、北国海運の発展を促することになり、年間六百隻の廻船に及ぶ。加えて雄物川を上下する荷船を数えたら、出船千艘《そう》、入船千艘で後代の「湊小唄」に〝浜辺サ荷の山〟〝タントタント〟と誇称されているが、当時を思わせるようだ。

しかし、この華やかさとは裏腹に、雄物川河口の変動は港の運命を左右する深刻な悩みがあった。それによれば、寛文八年（一六六八）勝平山（今の秋田割山）の北麗を切り抜いてから明治に至るまでには、幾度かの変動を繰り返している。

上流から流れてくる土砂を日本海の荒波による「標砂」が積るために河口が浅くなり、船の出入りが不安に晒されていた。

明治までの三百年に亘って、絶えず変動を繰り返し、河口が一定せず、これが当時の河口港湾の最大の悩みであった。河口が一つの生き物のように絶えず動いていた。

古市波止場　広井波止場

古市波止場とは、「土崎港波止場設置願い」県会の提出を機に本格的な荷揚場に迫る。波止場の設置運動が土崎全住民による上申書で展開された。

土崎町民の切なる願い込める運動を県議会の協力のもとで、明治十七年（一八八四）内務省土木技師古市公蔵博士が来港し、河心の変化、陸地の崩壊を防ぐ必要性を説き、設計図を作り上げ懇切に指導した。

博士の指導に基づいて工事を起こし竣工した波止場の長さは、六七七メートル、幅上敷五・五メートル、下敷十二・七メートル、高さ二・四メートルであった。

難産の末、広井波上場の竣工

土崎港の青年有力者近江谷栄次、野口銀平らの熱烈な築港運動が実を結んだからである。船川港築港論者たちとの対抗する背景と当時岩男知事への根深い憾みがあった。

駅の位置の問題で岩男知事に陳情したところ、ろくに意見も聞かずに一蹴された。血の気の多い青年部の二人は、知事による事成りは不可能と判断し、仙北出身の議員と提携して岩男知事に対抗しようとした。船川、土崎両派に分かれ、築港獲得をめぐって、論争の中で、土崎側のある程度の要求を受け入れ妥協させようとしたが、それは知事のごまかしに過ぎず、土崎側は承知せず、仙北派と結束し、遂に県議会を解散となったのである。

政界を大きく揺るがした築港運動も、地元有力者の輪が広がり、明治三十二年三月、土崎小鴨町に三津会を会場にして「土崎築港相託会」を開いた。船川より遅れたが、激論を交わしながら、夜毎意見を出し合った。

後任に武田千代三郎知事が任命された。ただちに県技師岡崎平三郎に任じ、築港運動の作成をさせた。

一方、近江谷栄次は、小樽港を指導していた工科大学教授広井勇氏を私費で招講し、詳細な現地調査の上、築港の作成を急いだ。この成果には武田知事、県会も承認したが、船川港とのかね合いもあって紛擾《ふんじょう》をきわめた。

議員改選の結果、土崎派議員、雄物川町の議員はそれぞれ当選し、築港にかかる調査の討議は両派に別れ、張り合い、議場混乱に堕《お》ち入りながら、ようやく榊原議員（仙北）が議会をまとめ、態度未定の武田知事を捲き込むことに成功、土崎に一つの光明をみるに至った。

東部護岸と西部水制工事を竣工させた明治三十五年「第二次波止場」の完成を見た。波止場の延長（約一〇三六メートル）で広井勇博士の設計によるところから「広井波止場」と称した。

（「土崎港町秋田市合併五十周年記念誌」より）

なぜ細かい「土崎の史誌」を書くのか。そこには現在の秋田港の姿があり、この頃の青年部の気概があってのことだと痛切に思うからだ。ここにも**土崎みなと衆の真髄が見られる。**

近代の夜明け

明治二年（一八六九）十二代藩主佐竹義尭は版籍を奉還し、義尭は藩主から知事藩となった。版は版国（領地）籍は戸籍（人民）、つまり版籍奉還とは、藩主が支配していた領地と人民を朝廷に返還し、武家政治を解体した政治改革である。

藩知事は、県知事久保田を構成する武士等は、藩主（知藩事）以下、全員朝廷（政府）の職員に切り変わった。明治四年二月十三日藩名久保田城を秋田と改めた。同年七月十四日、廃藩置県となり、秋田藩は廃され、秋田県が発足した。かくして「近代」の世となる。

文明開化の門戸土崎

明治の初期に「ざれうた」が流行した。

「半髪頭をたたいて見れば「因循姑息」の音がする」

「総髪頭をたたいて見れば、王政復古の音がする」

「ジャンギリ頭をたたいて見れば、文明開化の音がする」
※半髪とは、明治維新以前に一般に行われた月代《さかやき》のある髪の結い方。月代とは、平安時代の男子が、額《ひたい》の生えぎわを半月形式に剃《そ》り上げたもの。または江戸時代男子が、額から頭の中ほどにかけて、髪を剃ったこと、その部分。
※因循姑息とは、「根本的に解決するのでなく、その場逃れに一時的に間に合わせ的な物事」をいう。
※総髪は、伸びた髪の毛を、全部頭頂まで束ねて結った髪型。主に儒者、医者、山伏が結った。また束ねないで、全部後へ撫でつけて垂れ下げたものもあった。
※ジャンギリは散切りのことで、明治初期の散髪佩刀令以降に流行した髪型。髷《まげ》を結わず、髪を短く切り、西洋風にした散髪、後になでつけただけの髪。

幕府政治と鎖国によって禁止された束縛から庶民が文明開化の世に向けての時代の終わりを「風刺」したものだろう。

土崎で一番ジャンギリになったのは、廻船問屋の問杉。初めてランプをつけたのは海運業の船木久治。ハイカラな洋服を真っ先に着て「ローマ字」を使用した人は菜種商の升屋助吉。店頭にガス灯をともし、大時計をぶら下げたのは、米穀商の高橋吉兵衛が最初であった。文明開化は港から入った。

（「土崎史談会」より）

湊八丁夜話

「知る人ぞ知る」で子供の時分から見聞きの中で無造作に街並みを語りたい。

北前船寄港地で栄えて誕生したものが湊八丁である。

湊八丁とは、本町通りの上酒田町、下酒田町、永覚町、加賀町、小鴨町、肴町、菻町それに古い町名の新城町のことである。新城町は、本町通りから南の方に位置するが、湊安東氏が湊城主になる前からの寺内地内に存在した高清水岡の秋田城主の外柵に位置した寺内の人びとが移り住んだところとなったのが町名のはじまりとされる。

私の話は子供の頃だから戦後が中心としたい。

まあ、まあ活気に満ちたにぎやかな本町通りでしたよ。下酒田町は市電の発着であり、通勤・通学はもとより、港衆の商人たちで朝夕始発の停事場はごった返しの連日連夜だ。

花見シーズンになれば、花電車に乗る度に子ども連れの家族は、わんさわんさと乗り込んだチンチン電車ともいう。

何故かと言えば、発車の合図に車掌が金をたたいてチンチンと鳴らすからだ。

戦後から商売で店を張っていた商人は、そのにぎわいの勢いに乗り切れない店のお客の売り上げまでどんどん伸ばして行く。お客は地元のほか、港に入る船乗りも定期的に多く買い物をしたから、一層潤った。

加賀町通りは、相房商店、佐々木洋服店、幸野谷紙店、相吉商店、五十嵐洋裁店（おやじの実家）、藤改旅館、山か一下駄屋などは大繁盛した。懐かしい店小鴨町の森沢薪炭店、みつわ洋品店、五十嵐陶器店、井川乾物店、宮崎印刷所（五十嵐洋裁店の別家）、天洋酒店、長門パン屋には思い出が詰っている。

5才の頃、エサをやろうとした犬に右手がぶり噛まれて大出血、親が付き添って隣町内の草彅医院で手術を受けた。それほど泣かなかったよ。結構傷が開いていたから数針縫った。その傷跡は今でも右手の甲の真ん中に古キズが残っている。

何と言ってもわが町内肴町の一角に構えていたキャバレー魚仁だ。土崎唯一の社交ダンス場だ。

明治維新を思わせる華やかな男女の楽しむ最高の場であった。当然洋風の白塗りの白亜の殿堂のようだった。

女将は常に苦虫つぶしたような顔立ちであった。ダンス場にも顔を出して睨《にらみ》を利かせた。着衣は和服だったり、洋服だったり、その場に合った使いこなしをしていたようだ。

湊八丁（肴町方向から写す）

社交場だから、酒も出るし、客同士の口げんかになること度々。その時は剛腕だった女将（オゴン）の一喝で収まったものだ。

俗名魚仁のオゴンであった。

頻繁に買い物に行ったのは、大島雑貨店である。並べてる商品は、畳敷きで、片側は土間の通路。砂糖、麦粉、醤油、ござ、油類、ローソク、ノート類、帯たわし、石けん、油紙、箒、なんでも揃った店だった。

この店の看板は接客の愛想満点のおかみだった。色白で美人の上、割烹着姿は上品な方だった。私ども子どもに対してでも、にこやかに愛想を振るまってくれた。だから老若男女の人びとがたくさん買い物に行った。偶《たま》に

御休小路（本町通りから写す）

店に出る素っ気ない店主でも繁盛していた。

その北隣の魚や「テビド」の女店主は明朗活発で、活《いき》のいい魚みたいで、お客様の人気者だった。テレビに出ていたおふでばあさんの演出家を思い出す。テビドの屋号はわからぬままであった。親の使いでよくテビドに行ったものだ。

もう一軒誇りたいのはみうらセトモノ店だ。広い間口に満載に陣列した種類の陶器は見事であった。港曳山まつりには色とりどりの大皿小皿、吸物、茶わん、小鉢など、どこの家庭でも用意するので、何十枚も買ったもんだ。近郷近在の下新城、飯島、追分、遠くは昭和町、船川方面からも買い求めるお客はみうらセトモノ店に集ったから大繁盛。

さらに山下金物店も他の商店に追随を許さない程の盛況ぶり。わが肴町では、人の目を引き寄せる商店が並んでいた。なべや自転車店、佐川ふとん店、大島理容所、高橋時計店は老舗をしっかり守っている。

個人的には、わが家と親睦のあった小山田八百屋だ。広い店の土間に新鮮な野菜が無造作（べダベダ）に並べていた。その並べ方がなんとも言えない入りやすさであった。私は用がなくても、ちょくちょく小山田商店に行く。昼ごはん家族と一緒に食べた日も何回かある。私の姉と小山田商店の長女と仲よしだったこともあるからだろう。暗くなれば裸電球が何個かぶら下がっていた。笠の付いてない電球だ。店主も体がでかくて朗らかだった。連れのおかみは、あたたかみのある、穏やかに接してくれ、何でも受け入れて、とてもいい奥様だった。

小山田家の墓はどこであるだろうか、あの頃を思い出してお墓参りしたいねぇ。

本町通りの店は、びちびちと軒を並べていた。新学期になれば、教科書を買う指定店は加賀町の金子書店と陰通りの彦兵衛書店だった。小学校のときは彦兵衛が多かった。ゴジャゴジャした本屋だったが、教科書以外の螢雪や童話集も買うことがあった。立ち読みしても文句一つ言わない本屋だから親しみもあったし、その上、店主もおかみもやさしい方だった。

金つばもときには食いたかったし、加賀町の金しょう菓子屋（近江谷）に親から「駄賃」や「やひまんこ」が手に入ったとき、一目散に走ったよ。一緒にどら焼もだ。

駄賃は、親の指示で手伝ったときにくれたお金。やひまんこは、正月に親から貰うお年玉のこと、または年末年始回りと言って親の家や親戚に顔出せば、お金の入った熨斗袋《のしぶくろ》が「ハイ広志ちゃん」と手渡しされたもの。

金しょう菓子屋に行ったときのこと。店の奥らしい方に、毎日夢にまで見た。

「金しょうのきんつばを食べたくてくく買いにきたんだよ。」

奥さんは、ぞっこんよろこんで、

「一個まけてやるよ」

私は子どもらしくない言い方だと思った。調子に乗って、「今度のときは大福もちも買うよ」と茶目っ気も発した。今、思えば小学校の頃から、人を喜ばせる術《すべ》があったのかな。ふふん、ふふん――。

どうしても話したいもう三軒がある。

お休小路の大繁盛の店舗だ。

一件目は港の銀水だ。土崎港の洋風レストランの草分けである。一見、庶民でも入れそうだが、外から見た店内は目にも鮮やかなヨーロッパの雰囲気を醸し出している。照明灯はハイカラなデザイン（シャンデリア）で、とても高い層でないと二の足を踏む。大人になって給料取りになったら堂々と入れた。

二軒目の店舗は千田精肉店だ。

広い間口とがっちりしたコンクリート造りの建物で、きれいな間切りの部屋にガラスに仕切られた店内である。普段はもとより、湊曳山まつりの三日も前から、どこの家庭でも、お祭りの料理の準備にかかるから外からのお客さんをもてなすための料理の一品に必ず「とんかつ」をつけたもので、そのとんかつ用の肉、あるいは出来上がったとんかつを買いに千田精肉店が最高の評判であり、わんさわんさと走ったので、同店の前は、長蛇の列であった。ちなみに私が中学の時、アルバイトした先であり、店主は寡黙だが、奥様はじめ、明るい家族であった。私と中学の同期生だった次女夏っちゃん（お嬢さんタイプ）今、どこで、元気でいるだろうか。

三軒目の商店は布施青果店。若旦那はハンサムで小柄だがチャキチャキの代表的な港っ子気質があふれていた。ネジリ鉢巻きに半袖姿の威勢のいい掛け声は、今でも耳に響いてきそうだ。店を通りかかる人にも店内に吸い込まれる話術だ。だから一日中、お客は絶えなかったのでは。

こうして、港の栄えは続いて行く。栄枯盛衰の物語は湊八丁にあり、土崎神明社の神事である港曳山まつりは、これからも土崎港の発展をことごとく支えていくだろうと意を強くする。

もう一つ本町通りから逸《そ》れる話

肴町だが神明社通りの長い家周りに山添《やまぞい》というお焼き屋があった。そこのお焼きはとても旨い。夏は氷水も擦っていたから一年中忙しい店だった。

店の「おが」は、おやきの焼き台に座ってしょっぺぇ着物姿であった。化粧一つせず、髪も後に束ねて、口びるの厚いおがであった。

でも言葉は存在だが、ひと言に温ったかく味があったから、紙で作った小銭入れの貯金箱の中からよく買いに行ったなぁ。そして夏の暑い夜は、親子で氷水を食べるのが茶飯事で、山添の店に走るのも、いつも俺だった。兄弟で一番重宝がられたからだ。

擦った氷水は天こ盛りしたガラスコップを岡持ち（長方形のハコ）に入れて、溶けないうちに小走りしながら家に入る。メロン、ミルク、イチゴ、アズキの氷水だ。〝うめいのなんの〟隣り近所の人たちも、わが家の用意した涼台で、その氷水をよく食べながら、夜もやま話が弾んだ。お化屋敷、大人に割って入ったもんだ。度胸試しと言って暗闇に一人で主に神社のある裏手や墓石のある場所などだった。物かげから、「カサっと音したり、鳴き声したり」を事前に誰かがセットしてるんだ。

その時は鳥肌になる、肝を冷やす。その一連の所作を終えてから、涼台に戻る。大人たちは種明かしをしてから寝苦しい夜を過ごした。

一つ一つのおやきは長い柄の先が鏝《こて》になっている。それに麦粉につぶあん入れて、数本の鏝を上下にひっくり返す。何回もだ。その手つきを見ているのがおもしろくてなぁ、上手な手付きの口唇が厚く、ぶっきら棒にいう嬶《おが》だった。

「まだ買いにきたがー、今日は何ぼだー、六つ。めだりもしょっぺいがった」

※しょっぺい着物とは、きたないとか、汚れた恰好の代名詞をいう。

田中の坊と小玉のタッコ

昔の土崎衆は、揉めごとあればケンカになる。今日は南、明日は北となあ、そこでケンカ早い田中の坊が相手になる。目にも止まらぬ拳の突き、小柄で丸刈りで赤ら顔の美男子であった。相手が一人であろうが、数人であろうが、中に入って威圧をかける。

ある時、ケンカ相手が凶器を隠し持っていたのを知らず、拳をふるってその場を去って、自宅へ戻ろうとした。相手は匕首《あいくち》（ドス）を振りかざして追いかけてきた。坊は家に入るや否や部屋の壁に張り付いて、助けてくれと叫んだ。その後は分からない。聞いた話だから。

もう一人の小玉のタッコの真空蹴りは鮮やかに決まる。ケンカの仲裁に頼まれればいやだと断れないタッコは細身で白皙の青年美男だった。仲裁の現場へ向かう時は、ダブルのスーツと白のメッシュの皮靴姿だ。髪型はオールバックの長髪で精悍な顔つきは相手をびびらせるに十分だった。

仲裁だから、まず双方の言い分を聞く。しかし偶《たま》には言ってもしゃべっても分からない者には、飛ぶのは相手の太ももあたりを右足で真空蹴りをする。二段蹴りで胴腹部に飛ぶこともあり、これで大抵はケンカが収まる。右足に障害を持っているが、蹴りの凄さは一級品だ。

土崎は日常茶飯事ケンカのある所だから、いちいち警察を呼んだりはしない。自分たちで仲直りしたり、解決したりする。土崎港衆の気質の一端が見え隠れしたもんだ。そして、港衆には存在感のある二人だった。筆者の見聞夜話より

最後に湊八丁目ではない夜話

寺内方面から、土崎御倉町にかけて、浅瀬の雄物川の延長だった（今の臨海道路）。寺内の風致地帯の山ぎわまで一面、川で小学生の頃、バケツを持って、手づかみで小魚を獲りに行った。しじみ貝もとれた。カニも手で掴んだなぁ、もちろん晩のおかずだ。

通称この川を大人たちは造船所と言っていた。定かではないが、その先に競馬場もあった（今の市立体育館付近かな）。

だから、何もない頃でも、子どもたちの遊び場は事欠かさなかった。人との争い（ケンカ）も多い土崎だが、後がなく仲直りも早い。それが子供心の思い出でもある。

〝いい町だよ〟

「先輩、同輩、後輩諸君、港を元気づけにたまに帰省してくれ」。

肴町は母胎でもあった

生まれ育てられた父母の恩は「山より高く、海より深し」とお釈迦様が教えています。

老いて来ると、たまらなく育った郷里を懐かしむものである。だから母の母胎と同じである。私の町内は旧肴町で土崎駅から一キロほど下った湊八丁といわれたほぼ中央に位置している。戸数は少ない六十世帯だったが、バランスのとれた町内だ。

くすり屋、肉屋、自転車店、陶器店、鍛治屋、金物店、トコヤ、時計店、網元、八百屋、ふとん屋、魚屋、雑貨店、酒店、ローソク屋、カフェー、電気修理屋、菓子屋、編物教室、氷水屋、おやき屋、コーリャン、なんとバラエティーに富んでいたので生活にこと欠かさなかった。

私の生家は七人家族で小っちゃな家だった。本町通りの裏手で巾広い堰を跨《また》いでいた。砂利道でトラック通ればもんもんと砂ぼこりが舞い上がって、戸を開けると、まともに入ってくる。それは浜に通ずる道だし、日石製油所へ往復する道路だったからだ（通称、港湾道路と呼んだ）。

町内の裏側だから、広い田んぼは何枚も連ねており、そこに降りる土手には、たんぽぽ、しかんく、連華の花、バッケ、さしびろ等芽を出して、食べれるものは摘んで茹《ゆ》でておかずにした。

夏には田んぼに群がるバッタ（いなご）取りは毎日、牛乳びんに詰めて、これは熱湯に入れて佃煮にしたもの（醤油と砂糖はゼラチンとも言う）。

秋になれば、草むらの鈴虫や、こうろぎの鳴声を、蛙のぎゃぎゃ、ぎょうぎょうの合唱は毎晩だった。どうしてかふとんに入れば鳴きやめた。

冬は氷の張った田んぼで、スケートリンク場並みのように照々となるから捕えたねずみをサッカーボール代わりにして遊んだ。女の子はドッコ、男の子は竹スキーか、紐《ひも》で結んだスケートで馬車の後のフックに網を引っかけて滑った。小学校の高学年になると、少しきかねふり（強がり）して、走ってるトラックに滑りながら、トラックの後部のフックにちょいと麻縄を引っかけて、一本のひもに二人も三人も列をなして雪けむりを上げる程、速かった。危ない遊びだったよ。そんな遊びをしたのか、県立スケート場に何十年ぶりに入っても、滑れたから、当てはまらないかも知れないが、昔とった杵《きねずか》と自己満足するんだから、くだらないなぁ。

もう一つ肴町の町内の大人から、私を「ガムちゃん、今日はなにしにきた」と声をかけられた。チューイングガムのことか、ガムを貰ったことないんだが、それともガムを噛んでいたからか、いや、幼稚園児だったからか、家から出て、ナベや自転車屋の前まで歩き、大島理容所の女の子が、そこまで歩いてきて一緒に手をつないで土崎幼稚園まで通った。その風景を見て、可愛くて、そう呼んだかなぁと、子供ながら思った。

町内の纏《まとまり》がよく、家々《やや》ごとに順番で班長会議があった。どういうわけか、中学生の私がわが家代表で、大島理容所会長宅に出席したことがある。店主は色白の紳士で町内運営の説明の中によく「いみあいのもと」ということばを挟んでいた。意味不可だったが、高尚なことばを前置きに言っているんだと思った。

抜きん出る富豪家はいなかったと思うが、土崎神明社曳山まつりの統前町になった時の団結心は見事だった。統前町の山車《だし》を出すには、あの当時で二百万円も準備しなければならなかった。町内としては大事業だ。実力のある商店には多くの寄付を割り当て、我々貧乏世帯は自主的に寄付した。足りない分は、曳山運行中に、主な家の主人に協賛金をお願いし、その家の前で特別演技を行った。

若い私たちは演芸係や、連絡係の役を指名された。この役は絶対必要だった。祭典後は一週間後の笠納めは格別だった。

大内旅館や地鯉亭がよく会場になった。本丁通りの家は、それなりの家柄で、裕福で育ちもよかったから、高校も有名校に入り、大学にも行かれた。そんな同期や先輩は眩しく見えた。

でも彼らは見識があったからそういう所は微塵も見せなかった。そんな町内に育った子供時代である。

私の母は横手生まれの横手美人で、請負師の八人兄弟の次女、何の不自由なく育ったが、結婚後、夫の浮き沈みの商売で、非常に苦労が堪えない母であった。だが体が丈夫で（十六貫）二十二才で嫁入りしてから、この方、腹一つ風邪一つ引かない忍耐強い明治生まれの女性であり、五人の子供を社会に出すまでは只々、働きずくめの母であった。愛情は不足なくかけてもらった。

だから、私は母の母胎と肴町も同様の母胎だと、つくづく思う所存である。

Ⅳ

（現代）

土崎神明社の歴史と曳山行事

天下分け目の決戦関ヶ原戦いの結果、秋田の地にも大きな変動が起こった。それまで土崎の湊城を居城としていた秋田氏（安東）が国替えとなり、代って、常陸（現茨城県）より佐竹氏が秋田藩主として湊城に入る。

佐竹氏は、秋田城へ国替え後、すぐに新しい町づくりをはじめる。新たに久保田城（現在の千秋公園）を築き、湊城を廃虚にして移るとともに、土崎の住民を強制的に移住させる。その結果、土崎港の町は住民数は大巾に減ってしまう。

しかし、古くから全国有数の土崎はやがて活気を取り戻しする。土崎神明社は元和六年（一六二〇）土崎の肝煎川口氏の氏神であった神明社を湊城の跡地（現在地）に移し、土崎の町の総鎮守をしたことがはじまりである。

土崎神明社は中世の城下町であった土崎が藩主の国替えと新しい城、城下町の建設により、大きく様変わりする中で、新たな時代に向けて町の発展を願い、創建されたのである。

（「土崎町史」より）

天照皇大神《あまてらすおおみかみ》を祭神としています。

曳山行事の歴史

平成二十六年（２０１６）ユネスコ

土崎港曳山まつりの勇壮な曳山

（無形文化遺産）に登録される土崎神明社祭の曳山行事は、いつ頃からはじまったのでしょうか。古い資料によれば、神明社の祭礼は宝永元年（１７０４）に土崎港に来る北前船の船乗りたちから神輿が寄進され、翌二年（１７０５）神輿渡御が行われるようになったと記している。

しかし曳山が曳かれ囃子が奏でられるように現在の姿になったのがいつ頃なのか、資料でははっきりしません。それを紹介した古い資料では津村淙庵の紀行文『雪ふる道』があります。

寛永元年（１７９９）の曳山行事を紹介したもので、「鉦や鼓、笛、三味線の調子に合わせて、四十もの山車が曳かれていて、非常に賑やかであった」と書かれている。

ですから、遅くともこの頃より前に土崎神明社の祭礼が現在の曳山行事のような祭りになっていたと思います。

曳山は昔、高さが町内ごとに競い合いしていた。高さ

古い町名の記された標柱
（曳山が集結する御旅所）

七丈（約二十一メートル）を越える曳山を作っていた。あまりにも高いため、曳山が倒れないよう、砂を詰めた百の米俵（六トン）を曳山の台に乗せて、曳山の上に綱を付け、何人もの人で引いてバランスを取っていた。最も高い曳山は八・五尺で二十六メートルと伝えられている。

かつては廻船問屋から荷物を陸揚げする「仲在《なかせ》」と呼ばれる人達たちが、巨大な曳山の曳子として活躍していた。二百人位の曳子で一つの曳山を曳いていたと伝えられている。

土崎神明社に於ける「ヤマ」はいわゆる曳山が中心だが、固定したヤマ「置山」も昔は盛んに作られていた。

昔の置山には、大正四年「最も高い置山」昭和四年の下酒田町の「富士の巻狩」（曽我兄弟の仇討ちで有名な鎌倉時代源頼朝が行った壮大な巻狩りをテーマとしたもの）昭和二十七年相染町の竈《かまど》神社の百尺の置山などが知られている。

（「秋田市教育委員会発行」より）

曳山の様子を具体的に

本祭り七月二十一日の朝、各町内から九時に出発した曳山は、昼前には穀保町の御旅所に集まり、神輿の到着を行います。各町内の曳山が一同に揃う御旅所は曳山そのものを見て、楽しむ絶好の機会だ。曳山は、神輿の到着を「寄せ太鼓」で迎えます。

御旅所が終わり、神輿が相染町に向かう際には「湊ばやし」を奏でます。午後十二時十五分再び曳山の「湊ばやし」に送られ、各神輿が相染町に向かい出発します。午後十二時四十分、相染町の御旅所に於いて、穀保町と同じ御旅所祭が行われた後、午後一時二十分神輿は土崎神明社に戻ります。土崎神明社に於いて還御祭が行われます。

御幸曳山と戻り曳山

穀保町の御旅所で神輿を見送った後、曳山も本町通りを相染町に向かいます。

この曳山は「御幸山」と呼びます。御輿とともに町を巡行する曳山という意味である。勇壮な曳山が本町通りに連なり、華やかな踊りを披露する「御幸曳山」は、曳山行事の大きな見所の一つである（秋田昔頭、花笠踊りガンガ投げ……）

「御幸曳山」では、各町内の曳山が順番に出発し、本町通りに連なり、ホテル大和（昨年春営業終了）、秋田信用金庫前など、見物客の多く集まる場所では、秋田音頭をはじめとした様々な踊りが披露される。

夕方、日が傾きはじめると、曳山には提灯が取り付けられる。相染町に到着し、休憩の後の午後八時三十分、狼煙とともに祭りのクライマックス戻り山となる。

相染町から順番に出発して、それぞれの町内に戻るのだ。町内の役員が、提灯で曳山の運行方向を誘導する。祭りの終わりを感じさせる哀調帯びた「あいや節」が響き、夜の闇に提灯の明りが揺れる。役員、音頭取り、振り棒、曳子、囃子曳山にかかわる人たちすべて思いが一つになり、曳山は膨大な汗とエネルギーに包まれて、深夜十二時それぞれの町内に到着し、熱く長かった二日間が幕を閉じる。


（「土崎港町史」より）

※山車（ダシ）を曳く時の勇ましい掛け声の「ジョヤサ」を漢字にすれば「除夜又」と書く。これは、夜を跨《また》ぐ、イコール股を広げて、ものの上をこえるを意味する。ジョヤサ、ジョヤサを聞く度に男衆の土性骨が胸に響いてならない。曳山ならではの掛け声だ。

危険な行動を禁止

二十一日の穀保町から御旅所出発の御幸曳山は、男衆本来の勇ましさが発散する場面はもの凄さが見られる。酒も入っているし、石を詰めた一斗缶を地面に叩きつけ、山車《だし》の車の車輪の軋音《きしみ》に一層の拍車をかける。

角ばった缶が角が丸くなるほどだ。それに足りず、若衆の曳子たちは、その缶を投げ合うこともある。見物客に当たろうものなら、大ケガ、当たりどころ悪ければ、死亡事故につながる。

そしてさらに、曳子たちは、勢い余って引き綱を左右に大きく揺さぶる。どーと曳子のかたまりが両側に張っている露店に突っ込む、観客者たちは、歓声と共に、ハラハラドキドキしていた。港衆の荒っぽさの大演出だ。

こんな危険な曳き方に禁止命令が出された。又、露店も片側に統制もした。

もう一つ、私が子どもの頃見たシーンである。肴町に停まった曳山に割り込んだ朝鮮人数人と諍いの殴り合いのケンカになり、それを止めようと警官とも揉《も》み合いになり、地面に倒される警官もいた。ガタガタ震えて見たものだ。今は、そんな野蛮な行動は許されない。

昇神祭

七月二十二日午前十時より、大会所昇神祭が行われます。修杖献饌、祝詞奏上、玉串拝礼に続き、宮司の「おー」という警蹕《けいひつ》とともに大会所に降臨されていた御分霊が戻され、祭礼の一連の神事が終了します。

このように土崎神明社の曳山行事は、神事をはじめとした多くの行事によって構成され、沢山の人々の力によって成り立っています。

また、一連の行事を通じて興味深いことがあります。それは神事に於ける神様への接し方が、私たちが大切なお客様をお招きする時の接し方にとても似ているということです。大事なお客様を家にお招きする時、家をきれいに掃除するのは当然のことです。これは曳山行では清杖に当たるのではないのでしょうか。

秋田音頭の歴史と曳山

土崎神明社の曳山行事はどの町内からも披露される秋田音頭は、「いつ、どのように生まれたのでしょうか」。

一説では内町（侍町）の若い武士が関口流柔術必殺の決め手の型を踊りにしていたものを、上方の旅役者が歌舞伎の六法や柔術の差し手、引き手の表現を加え、勇壮な踊りに振り付けたのが、秋田音頭の始まりと言われています。

また、寛文三年（一六六三）秋田藩主二代佐竹義隆が、当時、城下に流行していた踊りを見ることになり、柔術の動きを取り入れた踊りを殿様にご覧にいれたところ、非常に好評であったところから、秋田音頭が生まれたという説もあります。

秋田音頭は当初、内町の踊りとしていたが次第に外町（町人の町で今の大町二丁目橋から山王交差点付近まで）にも広がります。踊りの継承は、それぞれの師匠のもと、知られたのは、柳町生まれの亀ちゃん（本名仁井田亀松、安政三年～大正五年）である。

では、土崎はいつ、秋田音頭が広まったのかははっきりしませんが、大正四年亀ちゃんの弟で同じ名人との評判が高かった福ちゃん（本名仁井田福松）が幕洗川に移り、御座敷として、土崎の人びとに「秋田音頭」を広めたとも伝えられている。土崎の「秋田音頭」は古くは「男踊り」と呼ばれ、女性が男性の服装をして踊ることが多かったとも言われている。

秋田音頭の魅力と伝承について、名人福ちゃんから直接指導を受け、長年に亘り、秋田音頭の指導されてきた名師匠、大島国男さん（旧肴町大島理容所二代目）は秋田音頭の魅力とこれからの伝承について、次のように語ってくれました。

秋田音頭の踊りとしての魅力の一つは、「早いテンポできびきびした動き、そして動きの多彩さです。」

次は、「どんな動きになるのが予想できないことから、見飽きない魅力があります。」

また、昔は、服装は二十日の宵宮から二十一日の御旅所祭までは浴衣で踊り、半てんは御幸山以降でないと着せませんでした。

今とは、随分様変わりしていた部分もあります。古いしきたりの中に、踊りを美しく見せる、また、踊り全体を演出する知恵が隠されていることもあります。

しきたりを単に、頑《かたく》なに守る必要はないかも知れませんが、伝統の持つ意味を学び、考える必要があろうかと思います。以上が大島国男さんの解説です。

若い頃、わが肴町が統前町の時、師匠の大島国男さんから、町内の若者男女が秋田音頭の手捌きを町内の神社で教わったことがある。師匠の手のしなやかさ、腰の回し方等には感心しました。

私もその時の教わった一人だった。懐かしいですね。

さあ、本番に入りましょう。

秋田音頭の構成は、手踊り、花笠踊り、組音頭があり、この三つの踊りをまとめて「三段返し」と呼んでいる。この順番で披露されることが多い。

手踊りは、秋田音頭の起源とも言われる柔術の組み手を踊りに取り入れた型を持っている。花笠音頭は、花笠を持って踊ります。組み音頭は、明治初年ごろ、柳町の亀ちゃん福ちゃん兄弟が「与市兵に定九郎」「志賀団七敵討」などの芝居を取り入れて創作したと伝えられており、二人または三人が組み槍、刀、出刃番傘などを使って踊ります。

秋田音頭の特徴は

民謡としての秋田音頭は、三十二の節からなり拍手は二拍手で、軽快なメロディーが特徴である。秋田音頭の大きな特徴は決った歌詞のほかに、その時々の出来事のうわさ話とが巧みに取り入れ地口と呼ばれる替え歌を作ることです。

洒落にユーモアに風刺や皮肉を利かせた地口は、見物客の爆笑を誘い、腹を捩《よじ》らせる。地口は、秋田音頭の大きな魅力の一つでありその時代の世相を反映する非常に興味深いものです。

「それでは、秋田音頭の人気のある地口を紹介します。」

・港の祭りコ、始めて見に来て、わいたばおがしたか
　につけもカスベ、サシミもカスベ、オドつら干カスベ
・水道にガス代電気のぜにてば、息つぐひまもねえ、ひだてのボーナスわいたげ貰たば、羽根
つでとんでしまた
・めがだ聞でけれ、おらえのがきがって本当に困ったもんだ
・中華ってばラーメン、えいこの味噌ラーメン
・ぜんごのアンチャ　なまいぎたげやって氷水など飲んだば、なんぼがうめだが　がっぷり飲
んだば　さじまで飲んでしまった
・向かいのアンチャ　なまいぎたげやって入れ歯さ金入れだ　いいどこ見せるだって　にやっ
て笑ったら　口からガッコ落ちだ
・ぜんごの年寄　はじめで港の浜さ来た　じっちゃんとばんば　男鹿の山見てあれロシヤでね
が

一、やーとせ、コラ秋田音頭です
　ハイキタカサッサコイサッサコイナ
　コレ　いずれこれより御免こうむり
　音頭の無駄を言う（アーソレソレ）

当たりさわりもあろうけれども
さっさと出《だ》しかる
（ハイキタカサッサコイサッサコイナ）

二、秋田名物八森ハタハタ
男鹿では男鹿ブリコ
能代春慶桧山納豆
大館曲げわっぱ

三、秋田の国では雨が降っても
カラ傘などいらぬ
手頃の蕗の葉さらりとさしかけ
さっさと出て行がえ

四、秋田よいとこ名物沢山
東北一番だ
金山本山に花咲く公園

美人が舞い踊る

五、秋田の女《おんな》何してきれいだと
聞ぐだけやぼだんす
小野小町の生まれ在所
お前《め》はん知らねアのぎゃァ

音頭取り

音頭上げの名人、嘉籐小三郎さんは旧旭町で、土崎生まれ脚本家内館牧子さんの祖父である。曳山は、音頭上げにより動き出す。音頭上げを行う人を「音頭取り」と呼ぶ。音頭取りは、見事な歌声で祭り情緒を盛り上げるとともに、曳山の運行を安全に誘導する役目を持っている。

発進時の音頭上げの順序

1拍手で合図する
2力強く音頭上げ
3下声が応える
4動き出す曳山は、曳山を拍子木で誘導する
①音頭取り（上声）ドトーコドーオドコセ

②曳子（下声）イヤーサー
③音頭取り（上声）ヨーイーサー
④曳子（下声）エーヨーイヤサー
⑤音頭取り（上声）ヨーイトナー
⑥音頭取り　ここで歌が入る
⑦曳子（下声）ソーランハララノエードハララノドッコイヨーイトコーヨートコ、ジョヤサ

ジョヤサの曳山が動き出す

音頭取りは、曳山を安全に動かすために、細心の注意を払う。曳山構造、動きを学び、運行は、曳子、振り棒との意思疎通は注意するとともに、曳山の状態を確認したりする。皆が楽しく、安全に曳山を曳けるよう、音頭取りは神経を研ぎ澄ませます。

すれちがう　まげる

歌と並ぶ音頭取り　腕の見せ所　それは狭い道路で曳山同士がすれちがったり、曲がったりするときの誘導で、大きな曳山が拍子木による音頭取りの的確な誘導で、細かな切り返し、難所をすり抜けていく様子は真に曳山の醍醐味である。

振り棒

ハンドルもブレーキもない巨大な曳山が自在に動き、止まり、曲がる、考えてみれば、驚くべきものだ。それを可能にするのが振り棒と呼ばれる四人一組の人たちである。音頭取りと組んで

五人で振棒と呼ぶこともある。弧を描いて回る光景は祭りの醍醐味であり、曳山は大きな歓声に包まれます。

発進時・運行時

曳山が動き出す時には振棒は棒を車輪の後に当て、テコを利用して車輪を押し、曳山がスムーズに動き出すよう手助けする。

また、曳山が通常動いている時は、棒を車輪のくさびに当てる。棒により、押すとともに、この姿勢が急なアクシデント等があった時にすぐに対応するためである。

曲げる

曳山を曲げる時、振り棒は、一つ車輪に二人一組みとなり、棒の先を車輪に入れ棒を浮かせ、曲げる側の振棒は引き、反対側の振り棒が押し込み、曳山を回す。振棒の熟練の技にかかると、巨大な曳山が驚くほどきれいに回転する。

曳山の特徴

「ヤマ」は神様が降臨し宿る場所です。その「ヤマ」に車輪を付けて曳いたりすることで移動できるようにしたものが山車(ダシ)です。

山車は、一般に「ダシ」と読みます。それは、山の中心に鉾のように尖《とが》った部分があり、その部分を「出し」と呼ぶためです。

土崎神明社祭の曳山行事では、「ヤマ」のことを「山車」「曳山車」「曳山」などと書き、また呼び方「読み方」も「ヤマ」と呼んだり「ダシ」と呼んだりします。また「曳山車」「曳山」と書いた場合は「ヒキヤマ」と呼ぶこともあります。

テキストの表記では、文化財指定の表記により「曳山」に統一します。

このような曳山（山車）は、主に町の祭りとして発展してきました。そのため、町の災いである悪霊や怨念などを追い払う祭りです。そして「見物者」の目を意識した祭りであることが曳山の持つ大きな特徴と深く関わっています。

もう一つ、毎年作られ、そして祭りが終わると、すぐに解体されることです。

曳山は目立つように様々に飾り付け、神様の御分霊を乗せた神輿とともに町内の端から端まで練り歩きます。

にぎやかに囃子たてることにより、町内の中に漂う災をもたらす怨念や悪霊を曳山に誘い込み、封じ込めます。そして祭りが終われればすぐ曳山を解体することで、それが全部土崎港や町民から消え去るという深い意味があるのです。

祭りと曳山について

なぜ、夏の暑い時に行われたのか。村の祭りと町の祭りの違いを述べます。祭りは、日本全国どこの村や町にもあります。一般に村の祭りと町の祭りでは大きな違いがあります。

村の場合は、ほとんどの人が農業により生活を営んでいます。そのため、神様の願いは、自然の恵みがもたらされることが中心となり、豊かな実りを期待する春祭りと、収穫を祝う秋祭りが盛んになります。そして村のほとんどの人が同じ仕事をしていることから、みんなが同じ願いをともにして参加する祭りになります。

一方、夏の祭りには、村の祭りの願いに加え、町の特質から生まれる大きな願いがあります。それは衛生の問題です。町民発展し、人口の密度が高くなると、現在のように下水道などの衛生的設備が整っていなかった時代には、伝染病の流行や食中毒が町にとって大きな不安であった。それらの災いは怨念や悪霊祟神（あくりょうたたりがみ）によって、もたらされると考えられていた。

そのため、気温が高く、衛生状態が悪くなる夏に悪い病気が流行らないよう祟神《たたりがみ》や悪霊を鎮め、または、町から追い払うことを目的とした夏祭が多く行われるようになったのです。

前述したように、曳山の神が降臨して土崎の町民をそれらの邪気を追い払うという意味から、暑い夏（七月二十日～二十一日）に行われる理由になったのです。

その町内には、さまざまな人が生活していますので、祭りに直接参加しなかった人もいます。さらには、町には、そこで生活している人以外にも訪れる人が沢山います。そのため、村の祭りには少なかった祭りの「見物客」が町の祭りには大勢現れることになります。

このような理由で、町の祭りには「見物客の目」を意識した祭りになります。

神様を楽しませる神賑い行事が見物客も喜ばせ、また驚かせるような賑やかに、より楽しく趣向を凝したものになります。これが土崎みなと曳山まつりです。

（「土崎港町史」より）

祭りの風情カスベと浴衣

港曳山まつりと云えば、カスベ祭りと言われるほどだ。それだけ祭りの料理には欠かせないカスベだ。

私は断片的にしか知ってないので、カスベ祭りについて、カスベの本来の意味と、港まつりとの関係を大潟村干拓博物館館長の船木信一さん（地元土崎）の「鳥の目、魚の目、わたしの目」の「カスベ祭り㊤㊦」で秋田さきがけ新報の掲載（令和二年七月六日と七月二十二日付）に次のように詳しく解説しておりますので了解のもとで紹介させてもらいたく思います。

「無礼講にうってつけ」

㊤国連教育科学文化機関（ユネスコ）の無形文化遺産登録されている私の地元秋田市の「土崎港神明社祭の曳山行事」（土崎港曳山まつり）は「カスベ祭」とも呼ばれます。

カスベはエイであると書かれることもありますが、正確にはエイに近縁のガンギエイ科に属する種の総称です。メガネカスベ、ドブカスベなど10種類が日本海に生息、漁場のほとんどは北海道で、東北でも水揚げされることがあります。またガンギエイ科ではないアカエイなどをカスベと呼ぶ地方もあります。

お世辞にも見た目がいいといえないこの魚の名前は、魚の中でも下位に属する魚、つまりカスのような魚であることに由来するともいわれます。同じ軟骨魚類で骨も柔らかく全身を食べることができますが、ヒレの部分を干して保存食とするのが普通です。

身には、これもサメと同じく浸透圧調整のための尿素含み、独特の香りがあります。尿素は時間がたつとアンモニアに変化して悪臭を放つため、生のままで店頭に並ぶことはほとんどありません。

韓国では、カスベを発酵させて強烈な刺激臭を持たせた「ホンオフェ」という料理があります。その臭気は「くさや」の5倍とされ、世界で最も臭いといわれるスウェーデンの「シュールストレミング」（ニシンを塩蔵、発酵させたもの）に次ぐ食べ物として有名です。

さて、このようにあまり評判の良くなかった魚ですが、干したものは長期保存が可能なため、鮮魚の手に入りにくい地方で重宝され、次第に盆や正月などのハレの日の食膳にも上がるようになります。

曳山まつりがカスベ祭りと呼ばれるのは祭り期間中、どこの家でも客をもてなす酒肴として使われたからです。ただ、新鮮な魚が手に入るはずの港町土崎で、なぜわざわざカスベが供されたのかは、少し考えてみる必要がありそうです。

昔は冷蔵庫がなく、保存できなかったという説があります。しかし前日に入手して冷暗所に氷と一緒に置けば、祭り期間中くらいは日持ちしたはずです。どちらかといえば粗野で乱暴な祭りなので、酒肴も低級な魚を使ったという自虐的な話もありますが、同じ土崎でも家格の差はあったので、街中一斉に作る理由にはなりません。

カスベは、昔は北前船などで北海道から入ってきたようです。今は高級品ですが、昔は安価で比較的手に入りやすいものだったでしょう。一晩水で戻してから、砂糖やしょうゆなどで時間をかけて甘辛く煮込むので、作るのは難儀だったと思いますが、いったんできてしまえば、その後は保存が利きます。つまり祭りの前に準備しておくことができるのです。

かつて、祭りの日には、誰もがどの家でも上がり込んで酒を飲むことができたようです。朝起きると知らない人が居間や土間で寝ていたことも珍しくなかったと聞きます。

そんな無礼講の日に、誰が来てもすぐ提供でき、しかもハレの日に出されることもある、高級ではないけれど失礼にならない食材――。カスベはうってつけだったのではないでしょうか。

どうせ男衆は、祭りで飲んで役に立たないからと諦める一方、自分だって時間をつくって少しぐらいは祭りを楽しみたい。カスベに目をつけたのは土崎に嫁いできた、あるいは育った女性たちのささやかな抵抗だったのかもしれません。

残念ながら、今年の祭りは中止となりました。カスベ祭りの命名者かもしれない全ての女性に感謝しつつ、改めて祭りについて考える機会なのかもしれません。

以上が大潟村干拓博物館長さんの解説文です。見事な解説でした。カスベ祭りについて深く理解できました。船木信一さん、大変ありがとうございます。

それでは浴衣について

祭り情緒として欠かせない服装として浴衣があります。土崎神明社祭の曳山行事では明治の頃に、その年の統前町であった永覚町で二百人以上の曳子が白地に黒の一文字横縞《よこしま》を揃えたのが町内ごとの揃いの浴衣のはじまりと伝えられています。

その翌年から揃いの浴衣をそれぞれの町内で用意するようになり、柄の粋を競い合うことも祭りのたのしみになっていました。港衆は何でも競い合うことが好きだよ。

ここから筆者の祭りの一端を

わが家でも、冷蔵庫代わりに土崎古川町の渡長製氷会社（今はベルコ土崎店が建っている）から氷の角型（厚さ二十センチ、巾六十センチ）の塊を買いに行き、それを母と二人で金属の棒で欠いて、その上に「コヌカ」（米の胚芽）を被せて祭り中冷やしたものだ。

渡長も氷を求める人で行列、だから早目の二、三日前から買って置いた。

なつかしいなあ、子供のころから親兄弟に重宝がられていた。声をかけられればすぐ動く、その性格がマツダ販売現役時代の新車実績につながっただろうと、自画自賛する始末だ。

母（トヨ）は料理上手で、カスベの煮つけは殊更おいしかった。母の作った料理は御膳に載せ、品数と言い、味と言い抜群だった。家の前を通りかかった祭り見物の人にも声を掛け「寄って、遠慮なしでどうぞ」と無礼講だよ。と見知らぬ人も、それではと畳に上がり込んで、一気に意気投合。これが土崎港衆の気質だよ。

二日間のお祭りが終われば、あとは野となれ山となれ、これ等は又港衆の身の丈以上の刹那的な振る舞いだ、真髄にはならない。

土崎のしゃべ方（言い回し）

○おもてなし（歓待、主婦が主体）
・よぐきたしゃんせ（よくおいで下さいました）
・あがってたんせ（お上がり下さい）
・えっぺたべしゃんせ（いっぱいお召し上がり下さい）
・またおざってたんせ（またお出で下さい）
・見ていってたんせ（見ていって下さい）

※たんせ、しゃんせの言い回しは、とても情がこもって、相手方を上気嫌にさせる上質なことば。貪富の差はあっても、各家庭は、このことばは同じく使っていた。これは港の特質である、尊敬語でもある。

父親の呼び方の順位　おど↓おどちゃ↓とっちゃ↓おどさ↓おとうさん

母親の呼び方の順位　あば↓おが↓かっちゃ↓おがは↓おかあさん

みなさんは、子どものころ、親をどう呼んでいたでしょうか。私はおどさ、おがはと呼んでいたので、この歳になってもそう呼んでいる。

○男性の言い方は命令形が多い

・えぎやがれ（行きなさい）
・やばちまねしな（みにくいまね）
・やめあがえ（やめなさい）
・ひやみこぎ（なまけもの）
・きゃどっこ（田舎へ）
・えげとしはじで（いい年して）
・うがやがましね（相手の言ってることに反発する）
・けねなあ（弱いなあ）
・やるがうがあ（けんかするがうめど）

・くたばりが（これくらいか、少なめの意味）
・もさんこたげで（気どって、威張って）
・しねやがれ（死んでしまえ）
・ふぎゃねな（ふがいない）
・やばちまねしな（醜いことするな）
・おどげしらず（こわいものしらない）
・どではすぐ（びっくりして腰抜かす）
・きゃたんこ（徹底的音を上げるまで）

○男女共通な言い方

・人どごちょしまして（からかって）
・あぐど（足のかがと）
・えごねはった（足の付け根張る）
・のろた（ももた）
・うどつらし（かわいそう、みじめだ）
・しょしがれや（恥ずかしいと思いなさい）
・おみょうがた（あなたがた）
・うずれたがれ（もの好きもの）

・ぐうぐどねげしゃれ（早く寝なさい）
・ぐうぐどけ（早く食べなさい）
・なじょした（どうした）
・やひまんこ（正月のお年玉）
・きんにゃ（昨日の夜）
・しょっぺいかっこ（みすぼらしい姿）
・ちゃかまかきかねぇ（すぐ取り掛からない、不便だ）
・やちゃくちゃする（くしゃくしゃすると同じ）
・しょっほねけし（心の曲がった人）
・たがし（持たせる）
・んだが（そうか）

以上、子どもの頃からの親の会話や、土崎の大人たちに接して、思い出しながら並べたものだが、全部が土崎の言い方とも限らないかも知れない。

太平洋戦争開戦

第二次世界大戦二年後、昭和一六年十二月八日、日本軍の米軍海軍基地ハワイの真珠湾を奇襲攻撃したのが太平洋戦争の開戦だった。その軍事指導者の総責任者総理大臣兼陸軍大臣の東條英機の人間像を「独裁者を演じた男東條英機」伝を、一ノ瀬俊也博士の著書より一部抜粋する。

東條英機は、血筋のよい家系である。祖父は盛岡藩士、父は陸大出身のエリート陸軍の幹部だった。英機も陸大卒だが、父ほどの優秀ではなかったが、卒業時は上位成績であり、陸軍で幾多の戦場の経験者で戦争の研究はすぐれていた。

武家の育ちか、日本の武士道の生来の気骨は逞しく、天皇の命には忠誠であった。己は望まなかったが、軍人の周囲から押され、陸軍大臣と首相に指名される。連戦連勝の勢いで己の信念を曲げず、連合国軍を相手に太平洋戦争に突入したのだ。

東條英機は、日本の最大の悪い者（軍国主義の真っただ中として促らえれていたが、すべてがそうではなかったはず）

戦争停戦の条件として、ハル長官から四つを提示された。

・駐軍してる地を全部撤退せよ

・日本の小国に戻れ「〝何をいわんや〟」
恥辱（なめるな）きわまるならん

唯一の軍事指導者とみなしていた国民の東條への批判は航空機総力戦の指導者として適格かを繰り広げられていたのである。

東條英機の有名な台詞《せりふ》
・人間はたまには、清水の舞台から目をつぶって飛び降りることも必要だ。
・反面、櫛風淋雨の中で、たたき上げ、全剛不壊の力を有っていた。
・無敵空軍完成への大の如き、熱意を持つ将軍

別の面から見て、東條英機は、領土を広め、国と国民を豊かにする為、戦場化したのではなかろうか。

ハル長官の小国に戻れが癇《かん》に触った。
開戦気分が高まる。敵気に火がついた。

（「独裁者を演じた男　東條英機」より　一ノ瀬俊也著　文春新書）

戦争の激しさをやわらげるのか、当時、こんな歌が巷《ちまた》からきこえてきた。
※ルーズベルト（アメリカの大統領）とチャーチルが（米国の首相）林の中で泣いている。そ

れを見ていた東條さん、お腹を抱えてワッハッハ。

A級戦犯の処刑報告書（米軍作成）
「正確に執行」と記載

第二次大戦後、極東国際軍事裁判（東京裁判）で死刑判決を受けた東條英機元首相ら戦犯七人の処刑について「正確に執行した」と記載した米軍の公文書が十一日までに見つかった。執行を指示したマッカーサー元帥に宛てた文書。

占領期に横浜市に司令部を置き、巣鴨プリンス（東京）を管理した米軍八軍が作成した。A級戦犯の遺骨を太平洋に散骨した文章とともに、日本大学生産工学部の高澤弘明専任講師（法学）が米国立文書館で入手した。

それによれば、処刑は一九四八年（昭和二十三年）十二月二十三日午前0時一分に巣鴨プリンスで始まり、「効率的な方法と軍事的な正確さで執行した。予期せぬ出来事は起きなかった。秘密は終始守られた」と記載されていた。

文書には、処刑に関わった全員の実名も記載、執行部の一員として、A級戦犯の遺骨を太平洋に散骨した。米軍将校の名前も明記されていた。

証人として巣鴨プリンス所長ら米軍四人と連合国の占領機関「対日理事会」の各国代表四人の計八人が立ち合ったことも判明。処刑後は採取したとみられるA級戦犯の指紋から押された死亡確認も見つかった。

（二〇二一、八、十二『さきがけ新報記事』より）

連合国最高司令官ダグラスマッカーサー元帥の演説は次のようだった。

「日本国民は、忠実で勤勉、日本国は世界の将来の平和にきわめて貢献するだろう。そして自国の自由と平和の繁栄を構築することを確認する。」

開戦から終戦までの人びと、国民の生活や生き方がどうだったのか

戦時体制強まる

ハワイの真珠湾を不意打ちして太平洋戦争が始まった。日本は中国大陸で十四年の長い間、戦争に明け暮れて、国民は弱まり、物資は乏しくなっていた。アメリカ、イギリスを相手に戦争をはじめたことは、最初から大きな冒険であった。

日本が第二次世界大戦で戦っていた頃、人びとは、どんな生活をしていたか一億総玉砕などを合言葉にすべての国民が最後まで戦い抜こうと、腹が減っても我慢し、辛いことも堪えていたのである。

昭和十三年、国家総動員が出され、政府が自由に経済活動や国民の生活を支配する法律をつくった。

具体的には、戦争に反対する者を片端から捉えて刑務所に入れ、ぜいたく品は最大の敵、昭和

十六年（一九四二）十二月八日に始まった太平洋戦争も次第に物資をほこる連合軍の勢いに押され、日本はだんだん苦しい戦いに追い込まれていく。

この為、政府は、国民の生活をあらゆる点から制限し、国を上げて戦争を進められる体制を強める為、昭和十五年（一九四〇）に始まった町内会、部落会、隣り組の活動を更に強めながら徹底させていく。

この仕組みを通して、人びとの服装を制限したり、食料や衣類などの配給、勤労奉仕、燈火管制、防空演習などの国の命令のように行われた。夜になると、各家庭の窓という窓はすべて黒い布で被いさせた。電球にも黒いじゃばらのカバーを掛け、電光が直接窓に当たらないようにし、電気の光が敵の飛行機から少しでも見えないようにしたものだ。

その上、町内ごとに警防団員が巡視して廻り、少しでも窓などから電気の光が漏れている家を発見すると、「おおい、あだえの窓から電気の光がもれているどー、気をつけねばだめでねが。」などと大声で厳しく注意したものだ。この巡視員の叱り声、私も聞いたことがある。

配給制度

戦争が長引くにつれて、さまざまな生活物資が不足になり、国民の生活への影響が大きくなった。

農村でも若い人たちが兵隊として戦争に出て行き、女や年寄りで農業をしなければならなくなり、労働不足や肥料不足などから、生産量が減り続けた。政府は食料確保の為、農家から強制的に米を買い取り、割り当て量を厳しくした。農家の生活もこの為苦しくなる一方であった。又、一方では昭和十六年国民への米の配給制度が始まり、十八年になると、さらに配給量が減った。

食糧難と米の配給制

昭和十九年に始まる米の配給制は一人当たり、一日分は次のとおりであった。

十六年…二合二勺（三五〇グラム）
一七年…一合八勺（二七〇グラム）

一九年に県では、都市農村通じて宅地公園、学校敷地、寺、神社などあらゆる空地を開墾し、自家生産のできる作物を作るよう通達した。その代用食（大豆、芋など）調味料などの食料品のほか、マッチ、タバコ、衣類などもすべて配給され、品不足のものは、くじ引きによって分配された。

人びとは米を補うため、芋、麦、大根などを細かくして混ぜてご飯を作り、カボチャやサツマイモのつるまで食料として飢えを忍びた。また農家に出かけ、きびしい警察の取り締まりの目を逃れて、大事な着物などを米と物々交換して手にしたり、闇《やみ》値で、米や品物を買い求めた。

勤労動員

兵隊として召集令状（赤紙）で戦地へ出かける人が益々増え、それにつれて労働力も減る。その為、学校生活も中等学校以上の生徒を中心に勉強をやめて、食料増産のため、勤労奉仕や松根油採集作業、軍用機や兵器を作る軍需工場への勤労動員が多くなり、軍事教練（兵隊の訓練）なども行われた。

小学校でも戦争の始まった年に、国民学校と名前が変わり、農作業の手伝いや山菜取りのほか、校庭や空地などを耕して食料を作ることに汗を流していた。秋田中学（今の秋田高校）の生徒たちは、各地の農村で農作業や開墾、日本石油秋田製油所の防空壕掘り、群馬県の軍用機製作場などへ出かけていた。

秋田師範学校（今の秋田大学文化教育学部）の学生たちも、県内外の農業や開墾に県外の軍用機工場で卒業式をした学生たちも現れていた。

こうして、昭和十九年（一九四四）二学期からは、国民初等科（一〜六年）以外は、学校での勉強はほとんど出来ない状態だった。

各戸に軍から赤紙（召集令状）が軍の使い者から手渡された。ちなみに軍隊への召集は病弱者や虚弱者は召集されなかった為、私の父は青森県部隊に配属されたが、体が弱い（食べればすぐ下痢）との由で除隊になり、戦地へ赴かなかったと父から聞いた。

男としては恥であった。

五〇年前のあなたに送る

こんな戦争気運の高まった時代に赤紙一枚で切ない恋心を綴った作品があるので紹介します。

五〇年前のあなたに送る　　坂本勝夫（大阪府・七三・無職）

召され行く征衣に秘めし恋心
　蓮のうてなで君につげなむ

この歌を葉書に走り書きして、軍用列車が下関から関釜《かんぷ》連絡船に乗り込む直前、監視の憲兵の目を盗んで、見送りに来ていた女の人に目で合図して手渡しましたが、あなたの手元に届いたでしょうか。

職場の上司があなたに想いを寄せる、私の胸の内を察して、出征する前夜自宅に私とあなたを招いて、歓送の宴を催して下さいましたね。

普段あなたに冗談ばかり言っていた私が、何も言えず上司のTさんが、

「坂本君、Hさんに話すことがあるのだろう」

と言ってくれましたが、自分なりに出征すれば生還は考えられないと思うと、あなたに胸の

想いを打ち明けることが出来ず、少しの間でもあなたと一緒にいられるだけで幸せでした。

宴も終りに近づいた時、あなたは突然立ち上がり、

「坂本さんのために一曲歌います」

と言って静かな声で浜辺の歌を歌ってくれましたね。そして曲が終わりに近づく頃あなたは目に一杯涙をためながら、消え入るような声で最後まで歌い続けてくれましたね。私もあふれる涙を拭きもせず、あなたの歌に聴き入っていました。最後にお別れする時、あなたの手を握ったまま身体が熱く燃えました。

明くる日私は入隊し中支を転戦しましたが、胸のポケットにはいつもあなたの写真が私を守ってくれたのか、無事に復員することが出来ました。復員後あなたが胸の病で亡くなったと、知りました。

あの出征の前日の宴で、もし私が胸の想いを打ち明けてもあなたは断ったことと思います。いつまでもあなたの御冥福をお祈り致します。

「日本一心のこもった恋文――♥――総集編「恋文のまち、ふたつい」より（二ツ井町商工会）」

私は、この恋文を読みながら涙を流した。胸の高鳴りも彼女に話せず、ずっと耐え得る苦しさ、しかも彼女はそれを察していたのだと思った。

きっと、告白のことばを待っていた。だが彼女からは言えないことを、あなたに無言で伝えて

いた。日本女性の奥ゆかしさと、知的な美人だったことが否応なしにおぼえる。
〝実に美しい場面だ〟
あの太平洋戦争の真っ只中、若い男女の純粋な恋が結ばれず、戦場に向かった七十年以上経つ今でも心の切なさが伝わってくるようだ。

小学校の集団疎開

昭和二十年五月になると、大都市のほとんどが空爆を受け、やがて、中小都市も狙われた。七月には県内もほとんど攻撃を受け、被害が出はじめた。

このように危険の迫った中で、県の命令で秋田市、能代市、船川港町の国民学校初等科の児童を疎開させました。

田舎に親戚や知人のいる家には、そこに避難させることにした。疎開先のない児童は二〇〇〇人は県の手で学校単位に田舎へ強制的に集団疎開させられ、南秋田郡、由利、仙北、平鹿郡へ、能代市からは、山本、北秋田の二郡へ親元を離れ、それぞれ分校に数十人ずつ疎開したものです。

さらに、県内には、東京などの児童が湯沢市、角館町、大曲市などに疎開してきました。

一年生の私は、二つ上の姉と母の実家横手市金沢に一足早く六月から九月まで四ヶ月間疎開した。短い期間だったが、とても沢山の思い出をつくった。金沢小学校への転校でしたから、県下から来たので優しくして下さり、おまけに担任の先生が級長までしてくれました。クラスの生徒たちに対して、なんとなく恥ずかしかった記憶がある。

祖母（ばっぱと呼んだ）学校の近くまで毎朝送ってくれた。祖父は、土建業の請負師で仁王様みたいなデカイ体で朝晩のごはん時はこわくてそばには行けなかった。

戦争の敗北を告げる天皇陛下のおことばに集まった住民たちが、全員で頭《こうべ》を下げて、微動だにせず、玉音に聞き入り、すすり泣く姿が今でも浮かんできます。

朕はたえ難きをたえ、忍び難きを忍びからの終戦の詔であった。

正午丁度、ラジオは途切れ〳〵の雑音混りであった。

土崎が大空襲を受ける

日本の軍部がポツダム宣言に従わなかったため、日本本土の被害を大きくした。受託していれば、広島原爆、長崎原爆、土崎空襲はなかったのだ。

土崎空襲は、トルーマン大統領がドイツのポツダムで日本政府の降伏を発表し、全軍に「日本の攻撃作戦を即時停止せよ。」と指令してから三時間半後に行われた。信じられないような出来ごとだった。グアムの指令軍には、それが届かなかったと言われている。

空襲の夜

「ウー、ウー、ウー……」けたたましいサイレンの音が、突然、秋田市の夜の闇に響き渡った。

「空襲警報発令ー。全員、退避ー。」

その夜、米軍の軍事飛行場から飛び立ち、山形県沖から日本海沿いに北上して来襲した。米軍Ｂ29（ボーイング）大型爆撃機の編成は延べ百三十機、空襲警報発令後、まもなく、先発の一隊が土崎港の日本石油秋田製油所（日本有数の石油会社）土崎港の一部に大型焼夷弾を投下した。

昭和二十年（一九四五）八月十四日午後十時半過ぎのこと、土崎大空襲が始まった。炸裂と共に火の手が上がり、港の夜の空が真っ赤に照らされた。製油所は火災を起こして、一面火の海に。それから二十分後、いよいよ敵の波状攻撃が始まったのだ。

「グオン、グオン……」という重いうなりを空いっぱい響かせ、Ｂ29の編隊が頭上を飛び交いくり返し〳〵しばらく爆撃投下し続け、製油所は壊滅した。

爆撃のやんだのは、翌十五日の午前二時半だった。この時の町内の非難する人たちの状況を親から聞いたことがある。

自転車にまたがり、前後に妻、子供を乗せて、飯島方面へ逃げ走り、畳を頭に被せて、小走りに山の方へ逃げる大人たち。

まあ、それは命辛々《からがら》のパニックであった。この間、約四時間で投下された爆弾は一万二千発。今では想像できません。

日本石油秋田製油所を狙ったのは、日本でも屈指の石油所だったからだ。病院は、負傷者でいっぱい、この空襲で民家の被害は、全壊半壊合わせて、百四十戸、民間の死者七十人、負傷者八十人、軍人死者百人と報道された。この中には日石付近で守備していた千葉の高射砲隊の軍人も含まれていた。

一時、疎開先から戻った私も目で見たのは、屋根を突き破った破片がわが家の畳に三ヶ所ほど突き刺さっていた（日石近くだったので）もし、家に居れば、体に刺さって負傷したか、死に至ったかもしれない。

家の前の堰の流れる水は、しばらく赤い水だった。そして家の前を通るトラックには、折り重なった兵隊さんの死体の血が雫る情景を見た晩は、ごはんはのどを通らなかった。

こんな思い出は頭から離れるものではありません。

亡き雄市あんちゃんは詩人

実家のあった土崎港肴町の隣り同士であった小野雄市（四ツ上）あんちゃんと五十年ぶりで文通を始めた。どうしてもしたためたいのである。

私の家庭と同じく、貧乏生活に育ち、母親の片腕となり、下の三人弟たちを面倒見ながら、工業高校の定時制に通い、運輸省（今の国土交通省）土崎港湾事務所の給仕に雇われ、優れた雄市あんちゃんだった。

コツコツ勉強を積み重ね、見事、国家公務員になった。温厚篤実さは尊敬していた。八十代の時に脳梗塞で倒れ、懸命なリハビリで起死回生した。

若い時から、詩、文学に親しみ、数々の作品を詩文集にまとめ、転勤先（永住地）の愛知県同人誌会長を務めた雄市あんちゃんだ。

三年ほどの短い期間だったが、その不自由な手で、濃密な詩文や手紙を送ってくれた。私は土崎港から離れた諸先輩の方々に小野雄市さんを褒めたたえずにはいられない。

それでは、土崎空襲の惨事をおのゆういち詩集「沃野《よくや》の古里紀行」から披露する。

浜ナシ山という丘
浜ナシ山は土崎港相染町の一部である
浜ナシの群生する砂浜であり、日本石油秋田製油所の東側一帯に広がった松林と砂浜の丘である
今年もまたここへ来てしまった
このあたり
製油所東側一帯の丘を浜ナシといった
月見草やハマヒルガオやハマナスが咲き乱れ
小鳥がさえずり郭公《かっこう》も啼いていた
松林をわたる日本海の波音ビブラートして、鳥たちのソプラノやアルトをひきたてていた
きのこに似たにおいがたちこめ
寝ころべばふかふかと落葉が
いたんだ少年の心をぬくめてくれる
今
ケミカル臭い南東風《だし》がふいている
工場の軋《きし》りが低周波が
下腹に不気味に共鳴する

浜ナシ山は削られ地図から抹消された
鉄とコンクリートに覆われた広大な工場用地
荒涼とした未来を見る思いだ
和男が住んでいた社宅はここにあった
むし暑かった八月十四の夜
百四十機のＢ29が
低空から襲いかかってきた
製油所の数万キロリットルの石油
一万数十発の爆弾が炸裂し
社宅の数もゴコゴコの泥大山
カルデラが一列に並んでいた
和男
君はなんのために罪を受けたのか
この不条理を神に聞いたのか
それを聞くひまなどなかったのだ
二百五十ポンドの黒い悪魔に直撃され
一瞬に気化したのだ

ひとかけらの骨も残さず
広島や長崎でなく沖縄でもなく
この片田舎で

君はいったい何処に埋葬されているのだ
このどんよりした五月の空のうえか
君が死んだ半日あとに戦争は終わった
あの数日前
私だけに打ち明けた話は決して忘れない
継母《かあ》さんが怖って
家に帰りたくないって
この五十数年前の間に
戦争があって和男が死んだ
すかさず浜ナシ山は
資本の営利になぶられ
生きるものたちも死んだ
今ふくこの風は本物ではない

私のつぶやきがもし
ひょうひょうとあの潮風が吹けば
君にとどくかも知れない
潮風よもう一度蘇ってくれ

来年も来るからな
生きている間何べんも来るからな
私はそこに居もしない和男に
深ぶかと頭を下げ両手を合わせ
きびすを返した

娘さんから、父の死を知らせを昨年十一月に受け取った。前年から娘宅に同居していたが、誤蒸性肺炎に罹《かか》り、サービス付高齢者住宅（岐阜県関市）に入所したとのお手紙を頂いていた。そんな時でも、数十枚にも及ぶ濃密な文人らしい文面には心がゆさぶられた。

私の文章にも、段落、読点等にアドバイスをしてくれて、次の原稿書きに力を付けて貰った。そして、「完成（出版）をたのしみにしているからね。」の手紙が最後だった。（二十二年七月十日付差し出し）合掌。

昭和戦後の日本

一部の都市を除いて焦土と化した日本は、どのように立ち上がり、どう復興していったのだろうか、記憶の限り進めます。中国の詩人杜甫にある

国破れて山河在り
城春にして草木深し
時に感じては花にも涙を濺ぎ
別れを惜しんでは鳥にも心を驚かす
烽火三月連なり家書万金に抵る

これどころではないのだが、感傷に苛なまれた。

兵士と国民の三百万人の戦死者を出した太平洋戦争は、天皇陛下の玉音の流れる昭和二十年八月十五日終結した。

敗戦国となった戦争責任を問われ、A級戦犯の東條英機以下七名の軍事指導者、厚木飛行場に降り立った連合国総司令部（ＧＨＱ）マッカーサー元帥の軍事裁判によって絞首刑が執行された。

すぐ日本の国内の混乱と秩序安定のため、マッカーサー元帥が日本の軍国主義を一新し、生ま

れ変わらせようとした。

国の柱となる憲法は、国民が主権となる民主主義憲法が制定され、天皇は生きた神（アラヒトガミ）から国民の象徴としての人間天皇に宣言されたのである。

司令部は次々に改革させ、軍閥、財閥を解体させ、主権在民の一つに婦人参政権を与え、女性の地位向上になる。更に農地の大地主を小作人に与える農地開放制を敷く。

荒れ涯てた国土で食糧不足が続き国民の飢餓寸前までになり、この窮状をアメリカはある程度援助してくれた。

こうして、国と国民の努力で経済面の光明が見えてきた。もともと、日本国民は世界では類を見ない勤勉さが備わっているから、どんどん復興へと加速した。

世の中が少し落ち着き、文化、科学面ですぐれた日本人、初めて湯川秀樹がノーベル物理学（中性子理論）章に輝き、昭和四十年には、朝永振一郎も物理学賞、川端康成がノーベル文学賞を受け、日本の科学、文化の世界的地位も強められてきた。

国民的祝賀である皇太子殿下のご成婚は三十四年に、祝賀ムードに華々しかった。この勢いは、池田勇人内閣の所得倍増政策で国内の経済の活況は並々ならぬものであった。三種の神器といわれる、自動車、テレビ、洗濯機は瞬く間に普及、これで産業と経済がめざましい発展を遂げていく。

テレビ普及では一つ語りたい。力道山だ。

戦後の日本の復興に寄与した人でもある。プロレスラーの空手チョップで、アメリカのあの大男たちを倒すシーンを見たくて、テレビを買う人びとが大勢いた。

力道山は北朝鮮国籍で昭和二十五年横綱になるんだと、大相撲界に入り、九州に渡ってきた。関脇まで昇ったが、親方とケンカして、その日のうち台所でチョンマゲを切り、相撲界を辞めた。真に日本経済の勢いに一役拍車を掛けた時期であった。

力道山の勇姿をずっと見たかったが、刺客に腹部を刺され命を落としてしまった。

序でのエピソード、私の母方の叔父（軍人で憲兵だった）は筋肉隆々、胸ひげ、両腕の毛深さ、長身で体重二十貫以上が終戦後、中国から本土に戻った。仕事が見つからず、プロレスになろうと力道山の門を叩いたが、齢がいってる（三十齢過ぎ）ということで入れなかったと聞いた（体系はルーテーズみたいだった）。

日本の経済力は、アメリカに次ぐ世界二番目にランクされる。時節の経済成長率は二ケタまでだの経済大国になった。

こういう中、国での東京オリンピックの開催は三十九年にあり、五〇〇〇人の世界からの選手が集まった。もう国際的地位も認められ、国連の加盟国になる。それでもまだまだ不安定内情が秘めていた。

平和主義憲法下での武力の保持しない、諸外国からの防衛力は弱い。それを守ってもらいながら、経済発展をするにはアメリカと安全保障条約が最大の国策であった。

このように、アメリカの核の傘で段々と自国の防衛力をつけて行く。予備隊から保安隊、そして自衛隊と名称を変更して現在に至っている。

大きな問題の一つが、沖縄本土復帰が佐藤栄作首相の手でアメリカから返還する。ここまでが日本の遍路は希有の復興を遂げた。ところが天から降ってきたようにオイルショック（米のニクソンショック）が端を発し、自動車産業はじめ、産業経済が大ダメージを喰らい、暗黒時代になった。

同時に排ガス規制でCO2大削減、車の開発が緊急の課題となり、自動車産業は苦しみ〳〵ながら、クリーンエンジン出来るまでの十年間は、生産販売数減であった。

真に生死を賭けた時代であった。

加えて、田中角栄総理は、地方と東京圏の国土のバランスをとるため、日本列島改造論をぶち上げ、その途端、予想もしなかった狂乱物価が発生する。〝国内大騒動〟斯くして、六十年頃、落ち着きを取り戻した。激動と繁栄の昭和天皇の崩御で戦後昭和の幕を閉じる。

復興の早かった土崎港

あの広大な石油タンクの有する日本石油秋田製油所が一夜にして壊滅状態になった。米軍ボーイングB29爆撃機から一万二千発爆弾投下、波状攻撃で飛来する飛行機百五十機、それに載み込んでる一機五十キロ弾が八十爆弾だ。

あの八月十四日から十五日未明の曇一つない昼にひっくり返ったようだ。遠くは、本荘、仁賀保方面、北は八郎潟町、五城目、能代方面にも一面赤い空が見えたという。恐怖、今のみなさん想像つくでしょうか。

小学校一年生だった頃から、今の自分が推測するならば、この日石は日本有数な石油基地であり、日本経済立ち直しには急がねばならない復興であった。

それに原油の採出油田八橋を中心とした原油をパイプで送る帝国石油が八橋に巨大な鉱業所を構えていたことである。加えて、人と物の輸送基地である国鉄土崎工場が大きく存在していた等が復興のスピードに拍車をかけたと思われる。

更に自衛隊秋田駐屯地（当時は保安隊と呼んだ）の建設したことが発展港町を大きく膨らませた流れだった。地方の中小都市として、このように一千人以上の規模の企業、国の直轄の事務所はそうはあるまい。

さて、翻って、秋田市の街中は戦災地は免れたので、復興の大きな妨げにはならなかった。だが食糧難で平民の窮乏は貶《へん》する。主食は水団（小麦粉を水でこねて、汁に落として煮たもの）で成長盛りの子供たちの腹は満たせなかった。

ジャガ芋、さつま芋、後に麦メシが食べれるようになる、どこの地域でも食の苦しさは同じで、子供心に理解していた。ここで事件が起こる。

家族に米粒を与えたい親心で闇米を買い求めに取締り警察の目を盗んで、仙北方面（刈和野、峰吉川）へお金で足りない分を大事な着物や貴重品を持ち込んで母と兄は背中に背負って土崎駅に降りた。

ところが、それを見張っている警察官に捕らえられ、引っ張られる場面を母親から聞いたもんだ。他の家庭でも同じだ。

高校一年生だった兄だけが連行された。

これは国の政策で配給米で賄えという御触れがあったからだ。子供心に、生きるのになぜ米を買い出しに行って悪いのだ、国のやることに憤りを投げたものだ。地元の農民は食うにはそれほど困らなかった。

敗戦直後、進駐軍（主に若い兵士）が土崎に入り、自分たちの不用な物資や食べ物（チョコレート、チューインガム、ビスケット類）どんどんばらまいていた。毛布、ふとん、諸雑貨ほぼ新品同様で、防空壕付近に毎日山積みに運んでいた。生活の格差がありありとした。兵士たちは、体がでかく、私どもしてみれば、別世界の人間と受け取った。

世の中は不衛生極まりない世情だったから、しらみ、しらごぼ、たむし等蔓延し、特に女の子たちの髪の毛はしらごぼ（白い粉みたい）が発生して、学校ではアメリカから支給されたＤＤＴの粉菜をその女の子たちが頭を下げて、一人一人に噴霧器で吹きつけた。それでも昼食の頃になると、前の生徒の頭から、むしの子が垂れている。弁当に入るのではと、とても気味悪い思いをした。

次は食事の実態を続ける。

今日明日の食うことに明け暮れた。食えるものは何でも口に入れた。採って、煮て、焼いておかずにし、例えば、土手に生えてるバッケ、サシビロ、タンポポの茎、イナゴ、バッタ、毒以外はすべて腹に入れた。川魚は勿論、グンジ（頭の鰓《えら》の張った小魚）はよく食べた。

グンジは油水の溜まってる場所に棲みつくため、焼いても油嗅くてなぁ、雨上がりの日は、朝早くに日石の松林（大浜地帯）のうっそう茂ってる松の根元に盛り上がってる松露《しょうろ》というきのこは朝食に食べた。食べ物になるとどこでも奔走して走り廻ったものだ。

このような食糧難と闘ってきた世代の人たちは、ものごとに耐える免疫は身に付いていただろうから、今日の日本の繁栄に大きな寄与したことだろう。

もう一つの復興の大きな力となったのは被災地への天皇陛下のご巡幸であった。日本石油秋田製油所に慰問のため巡行されたのです。地元の土崎港の人びとは何ほど復興への支えとなったでしょうか。

こうして三大産業の企業が土崎港町をどんどん復興させ、町が栄えて行ったのだが、これも長い歴史が土台となり、湊城主であった湊安東実季《さねすえ》公が湊町を築いたのが現在まで営々と流れているからにほかならないと、私の怪しい推考である。

復興の早さを強調したいのが、明るい気質と団結力があったからであり、あまりものにこだわらない刹那《せつな》的なこともあり、他人への思いやり、労わりを特筆したい。時には貧乏くじを引くこともある（人情夜話）。

私が見てきた考察でもある。

※戦前、戦中生まれ戦後育ちの人は強かった……敗戦国となったればこそ、今の日本の繁栄に繋《つな》がったのだと思わざるを得ない。

腹の中で育った回虫

線形動物線回虫で、人や家畜の小腸に寄生する黄紅色のうどん状で、十五センチほどの長い虫のこと。これについて少し語りたい。畑を耕して種を播き、その上に土を被せ、作った畝《うね》の間に肥やしの人糞を便所から（下種杓子）くみ取り、そのままに土に流し込む。あの当時は、化学肥料なんてないから、この人糞は土に沁み込み、作物は良く育った。汚い話だが、風の強い日は風に乗り、舞い上がった紙（ケツを拭く新聞紙やマンガの本など）が家に入り込むこともあった。

野菜の収穫時には、目に見えない回虫の卵が、その野菜に付着している。そのまま洗いもせず、食べていたので、回虫の卵が人の体内で育ち、よろしく栄養分を吸って成虫に育つ。

だいたい数日後、チクチクと腹が痛み出し、私も何回か経験したので、その時は、親からもらった虫下しを飲むと、虫も苦しいから腸の中で呻《うめ》き出し、便所に走ると簡単には尻穴からヤツは出てこない。息張《いき》るとヤツは頭は出しかける。それを指先で抓《つま》む。途中でヤツは切れることもあった。この時は厄介だ。

もう一度、息張る、一本出ると二本三本も連続で踠《もが》きながら外へ出てくる。こんな回虫との戦いが、戦後の食生活の有様だった。

気持ち悪くて便所に恐る恐る行ったが、何回かそんなのが続くと、こんなものかと思うようになった。腹一つ壊さず、特別な病気にもならず、飢えをしのいだのは、やっぱり免疫が付いていたからであろう。水は金嗅《かなくさ》い水と言ってなぁ、手押しポンプで押し上げた井戸水のことで、鉄分たっぷり含んでいて、夏は冷たくて、とてもおいしい。冬は生《なま》ぬるくて使い易《やす》い水だった。

人の体って環境に順応するんだ。他の動物は順応性が悪いからコロっと死ぬ。

この事に関した話がある。

畑に肥やし散撒《ばらま》いた人糞も一回か二回で終わりだろう。各家では処分に困る。ところが世の中ってうまく回ってるもんだ。便所から掬《すく》った「ばんば」を定期的にリヤカーに下種《げす》桶けを積んで取りに来てくれる（今の黄金社の役目の人）。年寄り（たいてい農家の嬶《おが》）がきてよー、帰りには楷《しべ》（わら穂のしん）を置いてくれた。沢山所有している畑に肥料代わりにするそうだ。

そのしべは、母親が布団皮に入れて、ふっかふっかのしべ布団にしていた。もう三十センチの厚さになるから、真冬でも布団に入った瞬間、ぽっかぽっかになったものだ。今の電気毛布みたいだ。だが、四日も五日もなれば、そのしべが人の重さで沈み、だんだん薄くなり、十日もすればぺちゃんこになる。これを称して、今でも薄い敷布団のことをしべ布団と呼ぶ。

昔の実際からの経験は後々にまで生きるもんだ。

このように、戦後の食糧不足と不衛生を全町あげて、乗り越えたのだ。この汲み取り様子は、当秋田だけではないだろう。

※しべとは、萱《かや》はすすきのイネ科の植物で、かやぶき屋根に使っている。

水に呑まれた三兄弟

とても悲しく心に激甚が走った。

土崎港の岸壁から少し離れた砂浜の海岸で遊んでいた三兄弟、下の弟は小学一年生ぐらいだったかな。海岸の深みに填《はま》り溺れている。それを助けようと、溺れている弟を我を忘れて海へ潜り込んだ。見る見るうちに二人は流され、波に攫《さら》われる。

次は二人の弟から少し離れた場所で遊泳していた中学一年生ぐらいの兄が溺れている二人を助けようと渾身の力で海中に飛び込み、無我夢中で肩、腕にしがみつかせて、浜辺の砂にたどり着こうとしたが、力尽き、三人は海の底へ沈んだ。

あの終戦直後は、海水浴場はなく、遊泳は水のあるところは、どぶ川であれ、沼であれ、泉であれ、堰であれところ構わずだった。親たちも夏の水遊びには、ほぼ、注意もしなかった。おれたちも、近所の仲間とよく造船所（日石からの油の流れ込んでくる排水溝）の水路で泳ぎ遊んだ。

なんか、足の裏が尖《とが》った刃物の刺さったような感じだった。その場で足を裏返したら、足の平が裂けて、血がどろどろ流れているではないか。パンツの紐《ひも》でその部分を縛《しば》り、家に駆け戻り、自分で足首を固く縛り、ヨードチンキ（血止めで、沃度丁幾とも書く）を塗り、それで通したここともある。今では大騒ぎだね。

又、港の浜から百メートルの向浜といわれた所に、子供たちと渡り、帰りは自力で泳いで戻るしかなかった。そのため意を決して防波堤から海へ飛び込んだがいいが、すぐ「こぶら返し」になり、海中で足がつった。慌てて岩に戻ろうとしたが、水を飲みこんで溺れそうになった。助けを求める人はいない。このまま溺れ死ぬのでは、と心臓の鼓動が波打った。何とか岩肌につかまり、溺れ死は逃れた経験がある。

家に戻ってから、先の三兄弟の溺死が聞こえてきたので、二町離れた町内でもあったので、人ごとではない。恐る恐るその前まで行ったら、弔いの人たちが数人いた。検視と警察の調べも終わったと見えて、畳の部屋に枕を並べて三人の遺体が痛々しく眠っていた。

不確かだが、本町通り右の路地に入った某家の子供たち三人であった。

貧しいが、家族愛が滲《にじ》んだ家庭だった。あまりにも可哀想すぎる。固かった兄弟愛が、このような無残な姿になったはかない命に心の地獄に落ち入った。

ああ、水は恐いものだ、子供心に焼き付いた。

あの三兄弟が生きていたら、どんな人生を送っていただろうか。スクラム組んで美男子の青年期を送り、それぞれ世に出て、社会で活躍して、充実した壮年期を経て、今はすっかり白髪の老人になっているだろうなぁ。同じ年ごろだったから、一層の回想が偲ばれる。

戦後復興の気配

昭和二十二年四月一日。六、三、三制の学校制度が発足する。戦後の壊滅的な状況の経済で、教科書も焼け、教材も教科書もない学校の教育は、二部授業を行い、青空授業もあった。それでも文化国家の建設のために、自治体は苦しい財政の中で、新制中学校を建て、新教育の充実に努めたのです。

この時の小学校は、国民第一小学校、のち第二小学校が作られ、二つの小学校を行き来した。私は三年生まで第一小学校だった。四年生からは第二小学校に移った。

第二小学校へ移り、昼の給食は第一小学校に当番制で汲み行く。向かい側とは言っても道を隔てて百メートル以上もある距離だから両手に味噌汁のおけを二人で持ち運んだ。蓋をしてても、ダブダブと水桶が動き、こぼれて教室に着いたら三分の二に減っていた。それでも教室で待っている生徒一人一人のお椀につぎ込んだ。うれしかったなぁ。

ただ、真冬の寒い日には、容易でなかった。いい思い出だよ。中には滑って転んで給食の桶を被って、豆腐やワカメの汁を頭や顔に飛び散った生徒もいた始末。炊事場のおばさんにその桶を持って汲み直ししてもらったよ。

運動会は、第一小学校（今の土崎小学校）のグランドが狭かったので、第二小学校と合同で第二小のグランドを走った。競技で一番見応えあったのは、先生と父兄の対抗リレーだった。

私だけでなく、多くの生徒たちは、真冬でも裸足で校舎の中を通したから、もう午前中はビリビリして、足の感覚なくなり、そのうち痛くなる。だから家に帰った時は、しもやけ（むらさき色）になり、足がひび割れした。

夜に風呂屋に行けば、その足が湯舟に入れた途端、ジガジガと痛くなり、頭のてっぺんまで激痛が走った。それを堪えながら湯舟に入った。その堪えてる顔を見ている大人たちが、その痛みを押さえる入り方を教えるからなぁ。

「いいか、チンポを袋ごと「ギュー」と握りながら入れ」

その教えのとおり入ったら、それほどの痛みは感じなかった。こんなことが一年くらい続いたよ。午後の体育時間頃、ビリビリが治り、飛び箱の三段からはじまり、先生は一段ずつ積み重ねて六段まで上げた。六段を飛んだ中に入っていた。機械体操は下手くそだった。

第一小学校の玄関前には、薪を背負って歩きながら本を読んでいた二宮金次郎の銅像が建っていた。第二小学校は火災で全焼し、今は跡形もなく道路になり、土崎中央通り（通称御体小路）の先、国鉄土崎工機部の橋の手前のあたりにあった。

今、思えば何もかも懐かしさばかりだ。風呂場で教えた大人たちは、いいことというもんだ。特に兵隊の戦地で経験した大人はそのようだった。

戦後見た汚い風景

立ち小便の放出憚《はばか》らない

男どもは、所かまわず（場所選ばず）ズボンから品物出して威風堂々と小便を「じゃーじゃー」と垂れ流す。

さて、おがちゃ（婦人たち）がたは、どうたったのか。畑仕事、野良仕事のときは、道路や畦で腰巻たぐって、だんこ出して、半屈《はんかがみ》しながら小便を垂らしたもの。

それを見て、ああ、おがし〳〵と笑ったこともある。それほど恥ずかしいのではなかった。

戦後は不衛生もなにも、あったもんじゃない。公衆便所なんか、公園か公衆施設しか完備してなかった。ところがうんちん（大便）になると、そうはいない。流石男どもでも、やむ得ずのときは、木の陰げや人目のつかない草むらで屈んで用を足したもの。中では作物の肥料になるから協力したんだ。

野蛮生活の軍隊の名残りか、それとも不衛生戦場生活に慣れていたのか、用足せば、ああすっきりした、満足だと恥なんかさらさらない。

今日《こんにち》の日本人の衛生的、文化的な環境を重んじる世には野蛮人としか映らない風景である。ちなみに、日本は上・下水道普及率は百パーセント完備されている。だから急な用足しでも、どこかの建物に入れる。そんなに困らない筈だ。

ただ一人旅のときは、公衆トイレが少ないのが今の日本だ。ヨーロッパ旅行したとき、その点、各場所ところどころにトイレが設置されていたのがとても有り難かった。

更に汚ない話

屁（おなら）だからね。

屁の三要素、VBCがあると言った人がいた。又、バファー（バッハ）とヘイデル（ヘイデン）ハイドンと言う人もいた。

・百日の説法も屁一つとして大なしになる。長年積み重ねてきた苦労が、小さな失敗で無駄になること。人前での無礼を慎むべきの教えである

・屁のカッパ　なにを言われて平気だ

・屁をひって尻しぼみ　過失をして、ごまかすこと

・屁とも思わない　なんとも思わない、眼中にない

それぞれ重宝なことばだ。出もの、腫れものところ構わずは、屁もその一つだが、それは時と場所による。

やたらに出ることがある、一日五十発も発することがあるとか。寝る前に詰め込むと、翌日回

数が多い。どういう訳か、会議や人との会話中は出ない。緊張するからだろうか。ところが家に入った途端、家族の前では、平気でVBCを鳴す。みなさん経験ないでしょうか。入院した時、手術前、お医者さん、看護師さんは言う。おならはいっぱい出しておいて。ところがあまり出ない。溜めておくのは体によくないんだ。屁をふるのは、男性が圧倒的多いが、なぜ女性は少ないのか、私には分からない。辞書には、腸内に発生したガスが肛門から出されるものと書いてある。

からだの数字シリーズ、医療ジャーナリスト岡田明彦さんの解説によると記事は次のとおりです。

おならのもとは、口や鼻から飲み込んだ空気に由来するガスが七割を占め、あとの三割は腸内細菌が食物を消化する過程で発生したガスなどだ。

一日に作られるおならの量は、二〇〇～二〇〇〇ミリリットル、平均一升瓶一本分前後ともいわれる。排出回数は、七回～二十回だが、生活スタイルと関係して増える場合もある。

その一つは、早食いだ。急いで食事すると一緒に口から飲み込む空気の量が増えるので、排出するガスも多くなってしまう。

一方、食物繊維が多い食品は消費されにくく、腸内に残り易いため、酸素分解によるガスの発生が増える。ビールや炭酸飲料などの発泡飲料もおならを出易すくする。

おならの出過ぎを防ぐには、先ず規則正しい食生活を心がけ、食事の際はよく噛んで、ゆっくり飲み込むこと。ストレスを感じている時は、唾《つば》を飲む回数が多くなり、一緒に取り込む空気が多くなって、おならが増えることになる。

また、便秘になって、腸に溜まる便が増えれば悪玉の腸の細菌を増加させ、匂いのあるガスを発生させ易くなる。

さらに、慢性胃炎や過敏性腸症候群などの消化器系の疾患では、おならがよく出るという症状を伴う。大腸がんなどの腫瘍によって腸が狭くなり、おならが増えたり、減ったりすることがある。

以上がさきがけ新報（二〇二二年七月二十三日付）の医療ジャーナリストの岡田明彦さんによる記事からの引用です。

税金滞納で押し問答

中学生になったばかりの頃だったろうか。おやじから、この紙持って役所に行ってこい。

筆　者：これ、なんの紙よ
おやじ：今、金ないから、もう少し待ってけれ、というんだ。
なんだかいやだなあ、と思いながら土崎港役場の窓口へ行った。あの頃（昭和二十年代）の窓口は、ガラス張りの仕切りで、役場職員は上で町民は下に置かれていたように思う。素ッ気ない高飛車の言い方、その紙を窓口に出した。
職　員：やっと納めに来たが。
筆　者：そうでないんです。親からの使いです。すぐ納めれないから、もう少し待ってけれ、とそう言えと言われた。
職　員：役場としては、これ以上、待てないなあ、すぐ納めるように。
筆　者：そんなこと、この子供（私）に言ったたってどうしようもないよ。
職　員：（強い語気で）親よこせ。
この窓口の男は、隣り町内で顔は覚えているしょっぽね（性格のわるいヤツ）けし顔だ。
職　員：〝赤札行くぞ〟

筆　者：なんだ、赤札って、戦争に出征する赤紙のことか。
職　員：そうでないんだ。家財道具を差し押えることだ。
筆　者：（何の根拠もなく）何回かに分けてくれないか。力のある者が、手で物を押すのか。
差し出した手で物に赤札を張り付け、物を使えないようにすることだろうと思った。
職　員：納めたら、その札を剥がすんだ。
筆　者：（少し考えてから）戸棚も茶たんすもだとすれば、その札を剥さなければ飯も食えないでないか。死ねということか。
職　員：毎日使う物には張らないから心配するな。

十二、三齢の少年は大きく傷ついた。この成り行きを親に話す。その後滞納をどう納めたか、私には分からない。市民税か住民税かの区別もつかないし、ただ住民として、罪悪感だけは感じたものだ。

こんな経験など、二度としたくない。社会に出てから、税金は市民、国民の義務であり、市民県民は、これらの納税によって支え合ってるんだ、と強い認識を持つようになる。

ファイナンシャルプランナー（ＡＦＰ認定者）の資格勉強の中で、タックス（税金）分野は重要な課目である。

両親は好きで滞納しているのではない。七人家族を養うための食うか食わずの苦しい生活の中で、精いっぱい働いてもく金が無い。大晦日の大あらしの晩も電気止められたこともあった。これも電気料金未納のためだった。当日中に払った後、数時間後にパッと電気が灯いた。わが家だけだったろうか。

おやじと私

本家の五十嵐洋裁店から分家し、洋裁の仕立て、それを商いする商人で、お人好しで小心ものおやじだった。商いが少なければ、一日中、気嫌悪い。だが商売は上手だった。

そんなとき、学校に納める月謝もらうのが辛かった。おやじの顔色を見ながら、前の日から準備しておきたかったが、なかなか口に出せない。ふとんに入っても寝つけない。

おやじは、朝必ず神棚に水とごはんを上げて鈴を鳴らし、手を叩いて二拝三拝する。それを私ども子供たちもうしろへつけて順番に拝んだ。

朝ごはん早喰いして、商いの出る前、おっかない気持ちで、月謝納める日だからと、手を出すが、商人は朝から金を出すもんでない、と返ってくることばに落胆。思い足取りで学校へ向かう。遅れてる生徒に担任から言われるんじゃないか。案の定、授業始まる前に黒板に名前並べられる。先生は明日まで持ってくるようにとその生徒たちに告げる。

あくる日、集金袋を掲げて、その中の何人か机に出す。未納者の名前がだんだん消えて行く。とても授業は耳目に入らない。その事を母に訴える。母はおどさにたのんでおくからと、一応気持ちは楽になるが不安は取れない。次の日になっても、母のことばはもらえない。学校の教室に入っても腰が浮いてる状態。ようやく、母の口からことばが出た。

「おどさは商いなくて、お金持ってないから、もうちょっと我慢しなさい」

私も身の縮まる思いだったが、母はもっと苦しく切ない気持ちだったろう。

でも、おやじは正直者で、生活のよい時もあったがほとんど貧乏家庭に育った。兄弟姉妹七人家族でだった。子ぼんのうで弟を連れて、よく銭湯に行く。おやじの股に頭をのせて、ゴシゴシ洗ってくれる。然も寒中だから、弟を背負って、片手に洗面器を抱えて行ったもの。途中で滑って転んで洗面器何十メートルも吹っ飛んだ。

又花見には、毎年千秋公園に逸《はぐ》れないようにと、手を引いてトットと歩き回った。いい思い出だ。

勉強嫌いなおやじだったが、通信簿はよく見てくれた。父兄らんに楷書でおやじの名前がどっしりして、上手な筆づかいはうれしかった。特に封書の表書きは大胆で堂々としたものだった。「どうだ、うちのおどさん上手だろう」と言いたいほどだった。

仕立て婦人ものや、料亭に収める割烹着は前の夜から、きちんと揃えて、部屋の片隅に積んでいた。記憶では、白の割烹着と前掛けは二十人分ぐらいあったと思う。注文元は、秋田市川反からは、とても信頼があった、と母から聞く。

商いのあった日に、土崎駅に降りて、ボタンのかかっていないワイシャツの内ポケットに入れていた札束（二万円ほど、今では二十万円に相当）がすっぽりなくなっていた。

瞬間、青くなった。〝スラれた〟もう気が付いても遅い。夕方の列車は、通勤、通学で混雑する。おやじは、人混みの中でも礼を教える悪い癖《くせ》がある。この日は特に大商いだった。

それがもとで商いも低減した、と涙ぐましい話が母の口から出た。スリをしたのは、どこのどい奴か、恨んでも悔やんでも悔やみ切れない。二万と言えば、家族七人で三ヶ月も食えた大金だ。

この時、月謝を稼ぐため、中学生アルバイトを決心した。おやじの商売軌道に乗るまで数ヶ月、そして三学期初めの担任の先生の家庭訪問で激励があり、高校進学ができた。人生最初の苦難だった。


酒・たばこも吸わないが、ハンサムで女に持てたのか、商いあって懐にお金入った時は料亭に走り女遊びをした。母は容認したのか、そんなことは私には分からない。

この当時から、私を商人にしたかったのか、リヤカーにミシンを積んで、飯島堀川、追分方面にリヤカーのうしろを十二才の私が押して行ったときもある。この頃はよい生活で楽だった。兄は高校二年、長姉は教員になった年だった。

おやじと永遠に別れる日の出来ごと

力だめしに腕相撲を申し込まれた。おやじはやせ型だが、腕に筋肉付いていた。ところが私が（十六才）勝ったのだ。

「おお、広志強くなったなあ」とほめてくれた。これが別れの最後の夜だった。

水難事故（大雨による洪水警報発令したとき）五十齢で逝った。

せめて、五人の子供たちの大人になった姿を見てほしかった。

今、思うと、秋田マツダ販売で十七年連続全バッチ受賞、新車二千七百台の実績挙げたのは、おやじの商人の血筋と母の忍耐強さが底にあったのかなと、思う所存である。

おやじの言うとおり、商いの道に進んでいたら、どうだったろうか。大きな商人になっていたか、貧乏商い人で終わったか、結果は誰も分からない。だが、回想すれば貧乏家庭に育ったことは後悔していないし、自力で生きる道を進んで、今を刎《むし》ろ、両親に報告したい。

尚、末っ子の隆の「今」を末尾に載せたい。

亡くなってから六十年以上なるから、当時の真相書いてもいいだろう。

土崎は六月二十六日、朝から雨降る。夜になったら、雨足が激しくなりラジオからは大雨洪水警報発令が出る。夜八時過ぎだった。

おやじは、明日の商いの品物がもし洪水に遭れたら商品台なしになると言って、港へ水かさを見に行くという。おやじは裏手から出て、新道路を通る。それが近道になる。私も気になるので、おやじの反対コースを選んだ。本町通りから新城町方向へ小走りに歩き、そこから港の岸壁へと到着。岸壁の海面は、昼よりは上っていたが、溢れて街中まで流れ来る状態とは思えなかった。

私は帰り道は、裏手裏手と通り家に着いたのは十時回っていた。母におどさまだ帰ってないが、まだだよ、海沿いに雄物川上流まで足を延ばしているのかなと、一人で思った。雨足は小降りになったし、洪水の心配もないだろうと、ふとんに入ったものの、落ちつかない。眠れない。

夜半になってもおどさ帰って来ない。母と小話を交わしながら、不吉に思った。その日の学校に行くのをやめて、周辺の浜や林、海沿いを歩き探した。どうにも姿が見当たらない。次の日になる、母と私は、消防署と警察に捜索願いを出そうと相談する。捜査員は手分けして、土崎中捜索するも手掛かりが掴めない。いよいよ最悪の事態を考える。

母は実家の横手金澤に走って相談する。イタコを下してみるとよい、と言ってくれた。母はむろん金澤の実家に泊りがけだ。イタコを下ろしてくれた、イタコいわく、遠くは行ってないから、先ず、近くの林や浜辺を探してみなさい、それでも見つからなければ、海中に沈んでいると思いなさい。三日以内に見つからなければ永遠に発見できない、と母はイタコから断言された。

そしたら、イタコの言ったことが的中。三日目の午後三時頃、警察から通報受け、岸壁に。岸壁の船着場から死体が引揚げられた。検死しているからすぐ現場へ行くようにとの指示あり、姉も兄も家から出ているし、弟は小さいし、私しかいないので、一人で現場へ向かった。高校一年であった。警察官立ち会いでお医者さんの検死中だった。

すべて終わってから用意してた板戸に載せて、私と他の三人から手伝ってもらい、家へ運んだ。奥の部屋へ安置してから、時間を経て、体を拭くため、ゆっくり起こそうとしたら、耳、鼻、口からドクドクと血が吹き出た。両手の指は固く握りしめて一本一本反れないほどであった。海中での苦しさからである。その原因は想像できた。

海の水かさを確かめようとおやじは岸壁に近づいたとき、船を縛っている碇のロープに足が躓《つまず》いて前のめりに倒れ、その弾に岸壁のコンクリートに頭と顔面を強打し、脳しんとうを起こし、気絶したまま、海中へ沈んだのだ。検死のとき、碇泊していた船の船員が、そう言えば、ジャボンと音がした、と言う。おやじの顔は、三日も海中にいたから倍も膨らんでいた。

新聞には無責任な記事を載せていた。

娘の教員の辞職と離婚を苦にしての自殺か、それはまったく違うので、私たち家族を二重に苦しめた。

小学校の場面ごと

戦後は、その日の食うのも事欠く食糧難だったから、着るものはつぎはぎは勿論、ぼろを纏《まと》う子供も結構いた。

身体検査（小学四年）でパンツを履いていない生徒には、先に終わった生徒が貸して体重計に上がった。女の生徒には多目に見て、ズボンのままで身体検査をさせた。

運動会では、百メートル走があり、ゴール前でバタバタ倒れる生徒もいた。ろくに物が食えないから、半ば栄養失調だったからだ。（極貧の家庭）

普通の家ではジャガ芋、よくて水団（小麦粉に水を入れて、こねて、汁に流したもの）だった。

チャンバラごっこ

ヤシの木に登って、枝ごと折り、それを削って刀を作る。格好良く、しなやかな刀になるよう、一本の枝を長目に切り、日本刀さながらに流線型にする。このような形にするのは、太くて、堅い枝を選ぶ。つばもつけたから刀のようになる。

自分たち仲間だけでは飽き足らず、他町内の者たちにケンカを売ったもの。リーダーを決めて、申し合いに出向いた。七〜八人でこんな程度の遊びが大方だった。

さらに、男どもは、パッチ遊びだ。パッチの縁に金属の枠をはめ、手を横投げにして、ぶっつけ合って、勝ち敗けを決める鋭い遊びだった。

七夕まつり

七月七日の夏のたなばたまつりは、子供たちの唯一のたのしみであった。

柳の枝に細長く切った短冊（願いごとや自分の気持ち）を沢山結び付けて、男も女の子も下駄履きに浴衣姿で隣り近所を誘い、町内の集合場所に集まり、各町内を今日もさんちょう、あしたもさんちょう、と声を出しながら歩き回った。

七月上旬だから日が長く、六時でも昼と変わらない明るい、約一時間ぐらいの七時頃には家路に着く。この子どもたちと、さよならする時の歌は次のような、しりとり蓮歌である。情緒あるから覚えてたよ。

さよなら三角、四角は豆腐
豆腐は白い、白いはうさぎ
うさぎは跳ねる、跳ねるはノーミ
ノーミは赤い、赤いはほじき
ほじきは鳴る、鳴るは屁
屁は嗅い

嗅いはばんば、ばんばは黄色
黄色はバナナ、バナナは高い
高いは富士山、富士山は青い
青いは海、海は広い
広いは野原、野原は丸い
丸いは地球、ハイおわり

春夏秋冬の風物誌

春の大掃除　戦後の日本の風習として、春秋の大掃除検査があり、男性はシャツ一枚姿で、女性は手拭いのほお被りに割烹着姿で戸障子はむろん、畳を起こして、外でほこりを落とす。竹棒での叩き方、天井の煤払い、この作業は男、私も父兄と一緒にした。女は戸棚や家具の手入れを分担し、家中総動員だった。

家の回りの草取り、淀んだ堰の小石拾いして水の流れをよくするのが掃除の一つだった。一番厄介《やっかい》だったのは、水んじゃ（流し台）から排水した溜め桶の清除だ。桶の上ぶたを持ち上げれば、ミミズがうーようよ、小指で挟んで追随し、それをぬるぬるした土から掬い取り、びんに詰める。その作業は私が率先した。（小学生のとき）

全町挙げての大行事だから、まあ、まあ、大賑わいだった。翌日、検査員が審査結果発表で、金賞、銀賞、銅賞のシールが貼られた。隣近所では、金賞も貼られた家もあった。やっぱり金賞は違うなあ、微に入り、細に入りの清潔感があった。

これで戦後の環境悪化で、不衛生による病気や疾病もあまり発生しなかった。同じように秋も実施した。

春の花電車

秋田の路面電車は、明治の馬車鉄道から。本格的に路面電車の運行のはじまりだったのは、大正十一年、そして、昭和二十六年市民悲願の秋田駅―土崎間が全面開通した。しかし、その後、車の急速な普及と社会情勢と道路事情が重なり、わずか十四年の短命で消えた。

思い出に残る電車は花見シーズンの花電車だ。電車の外装に花々がきれいに着飾られ、子どもたちの夢の花電車であった。千秋公園の花見に親が連れて行き、前の日から、ウキウキ心になった。車内の座席は向かい合うそれぞれの子供たちも花電車にふさわしく着飾った。

次は竜神前、次は将軍野遊園地前と進んで行く風景は脳裏に蘇って来る。大工町停留所からは大きくうねり曲って鉄砲町、田中町、木ノ内前と通過し終点秋田駅前で下車する。

電車の種類は、
・買い出し電車：買い出しのおどやおがちゃで押し合い、ひし合いの電車
・通勤通学電車：学生たちの通学、勤め人の通勤電車は始発から満員電車

・夜のとばり電車：県下の映画や遊戯場の帰りの電車
土崎港の人びとの足代りは電車だった。

少年野球

少年野球の応援合戦は、ケンカ合戦だ。前日から、オヤジ方は、応援の準備をしていた。秋田市営八橋球場での地区大会決勝戦ともなれば、八百屋、魚屋のオヤジ衆は店を放り出してでも球場に掛け込み、ねじり鉢巻きに胴巻き姿、それに太鼓のほかに、石を詰めた一斗缶を持ち込む。さらに酒も入るから威勢満点だ。

新屋衆とは、昔から犬猿の間。日新中だけには負けるなは合言葉であった。だから、凄《すさまじ》い応援合戦。確か決勝戦の七回表まで両チーム一歩も譲らず同点、ここで押さえれば延長戦になる。まあ、まあお祭騒ぎの声援だ。新屋衆は一打ぶっ飛ばせ。土崎衆は投手ねじ伏せろ。ヤジの応酬だ。

本多遊撃手（本多輪業の息子）は名ショート、二アウト二ストライク二ボール、土崎中名捕手の白岩は渾身で投げた投手の球に直っすぐの直球、白岩のミットにピシャッと収まる。その瞬間、ストライクと叫んで拝んだままだった。ところが相手の監督のサインを見逃したのか、三塁走者が業を突いてホームスチールでゲームセット。応援席はあ然、オヤジ衆は大暴れ。グランドにダッグスタンドの上から飛び降りて、塁審に襲いかかる。球場騒然となる。〝判定を取り消〟あのいい球をボールとは何ごとだ、罵声を浴びせる。

新屋衆だって、浜っ子だ。威勢がいい。

引っ込め、下がれの大声。

しかし、主審は覆さなかった。

傍若無人ぶりの八百屋、魚屋のオヤジ衆も潔く球場を後にした。土崎中学校健児の歌を歌います。

1．天下に雄を示さんと
百錬ここに鍛えたる
土崎健児の意気をみよ
ベストを尽くして戦わん

2．勝つも負けるも長江の
清き流れとこしえに
土崎健児の鉄腕を
ふるいおこすはいまなるぞ

——戦わんかな——
戦わんかな時期至る（4回繰り返し、だんだんトーン上げる）
フレ　フレ　フレ　フレ
フレ　フレ　フレ
土崎みなと　みなと

誠に威勢のいい歌だ
湊城主となった津軽安東三武将（鹿季、愛季、実季）の血が沸き立つようだ。みなとの真髄はここにも見られる。〝あっぱれ〟

つぼ焼きいも

思い出すなあ、冬の寒風、吹雪の日でも秋田銀行土崎支店前（永覚町の村井酒店の合い向い）に陣取ったつぼ焼（粘土で出来た土のつぼだるま型の一メートル程）いも、細長い煙筒から、もうもう、ピーピーと出る白煙だ。

そのおやじは、縁に毛の付いたスキー帽を被り、軍服に似た外装をまとっていた。丈夫な男だった。小銭たまれば、つぼ焼きいもに走った。

こんがり焼き付いてうまい。家で煮る甘味とは全然ちがう。大人だってそうだが、子供らの唯一の冬の寒さのおやつだった。つぼの下部が、釜で炭火が赤々と燃えていた。

あの物のない戦後の時代に、つぼ焼きのおやじはどこから仕入れたさつまいもだったろう。あのつぼ焼きいも売りで生計を立てていただろうなあ。なつかしい一言だよ。

のどかな市電

チンチン電車の市電は、始発土崎永覚町である。竜神通り、将軍野遊園地通過（二本松停留所）、三つ目の高野二区停留所から田園風景になる。

車窓の左手は、帝国石油油田堀削ポンプが何十基も背を並べ、ギィーギィーと軋《きし》み音鳴らして上下運動をしている。近くになれば、回転運動に見える。その背後に見える山のきねは笹岡、上新城、下新城の集落だ。

市電は高野の橋をゆっくり走り、八幡田八柳停留所へ停まる。乗客の乗り替えする（今の外旭川住民）。右手を見れば、やはり、田んぼずらり並ぶ石油井戸ポンプで、面積は左手ほどではないが、新道路（現在は新国道でもと、飛行機の滑走道路であった）を挟んで、奥の寺内側に大きな建物が見える。帝国石油秋田鉱業所である。洋風がかった並みの建物とは違う石油王国秋田を象徴する白亜の殿堂だ。

うららかな秋日和には、うっとりとしながら、次の日吉停留所（今の秋田トヨタ本店のあたり）、そして大工町の終点（現在秋田中央郵便局建っている場所）となる。

この間、わずか所要時間三十分足らずだがなんとも言えないのどかな市電気分に浸った。

年配のみなさま、どうか市電のなつかしさを存分蘇らせて下さい。又若い人は、機会ありましたら、当時の市電風景の写真を見て、今の新国道（人気一番の通り）と見比べてみていかがだろうか。

夜鳴きそば

日中はつぼ焼きいも、夜はピューピューヒョーヒョーと笛の音が夜の闇から聞こえる。

時計を見ると八時は回っている。ああ、夜鳴きそばだ。

母親と顔を見合わせ、「おがは、どうする」。夜ごはんは食べ終えて二時間以上もなるから、腹の中は空っぽ。夜の勉強もあるし、「おがはん食べたいなあ」と言う。

戸棚からどんぶり二つ出して玄関に出る（余分のため）。夜鳴きそばのじっちゃが、頬被りして湯げを出しながら汁を温めてるよ。鼻水垂らしてないだろうか。でもそんなこと頓着ねえよ。

立喰いしてるものもいた。

二人三人と近所から出て来る。二杯分持って帰る。食べ終わればピューピューじっちゃにどんぶり返す。うまいなあ、これで嫌な勉強もせねば、親に悪いなあと思いながら机に向かう。今はピューピュー聞くことないな。

秋田万歳

正月気分を盛り上げる秋田万歳が正月三ヶ日に家々にやって来る。鼓を肩に載せ、ポポンと赤と青の三角帽と、にぎやかな色の衣装をまとって、玄関に入って来る。才蔵、太夫の二人組で（才蔵は歌い手、太夫は頭）、はじまりは、

でんでんばたばたスシコの手
のばしてからむはササギの手
鼓にからむは才蔵の手
カンナをかけるは大工の手
読み書きソロバンあなたの手

秋田万歳の特色

儀式万歳と囃子万歳があり、儀式万歳は太夫才蔵両人のハーモニィーの美しさを醸し出している。儀式万歳は永久不易であり、囃子万歳は常に変化す、流行の部分である。儀式万歳はお経であり、祝詞である。囃子万歳は説教であり、神楽である。

秋田万歳は、歴史はどこから来たのか。一つは尾張（今の愛知県）あたりから、江戸に伝わり、それが常陸の国へ伝わり、佐竹公が羽州の国へ国替へと共に入ってきたもの。もう一つは、秋田に最初からあったものという説だ。

近世の末期から明治にかけて、鑑賞者が、農民大衆になってからである。農民が経済力もつき、正月に余暇ができてきて、娯楽を求めるようになり、落語式の「おち」のついた、エロチックな話や、歌や踊りをすれば、聴衆が熱中し、お盆になることを万歳師は感得した儀式万歳を入り口にして、囃万歳で大衆を握った。明治に盛んだった理由も、ここにある。

・太夫・才蔵（儀式万歳、御国万歳）

御万蔵とや、御国も栄えて御在す。御城造りの結構は門々な九つ、楼のその数は玉を連ねし如くなれば、極楽浄土異ならで、か程目出度き御城下に、名のある所は、コラ三十六丁、其の外数しれず、寺の数は三百三十寺になれば、北に当たりて天徳寺、香の煙は、雲に上がる。何も絶えせぬ御燈明光輝く御霊屋、扨水上には藤倉観音、水上には古四王観現、海の面を詠むれ

ば、天竺の方よりも、綾や錦を帆をかけて、数多の宝を御船に積んで秋田の湊へ船は着くぞや
誠に目出度候之

・万歳のくずし＝くずしとは、調子を一段とかえること
アレタラララ――これは当年の悪魔祓いでソーレもう一つ来年のぶんまでとアンタラララ――
万歳万歳万歳とはござればば太夫さまと才蔵、万歳出たれば太夫さんの扇子で才蔵の頭をスカラカンカンソダソダたたかれてコブ付く芽が出る花が咲く実がなる。
その実は、なんだとたずねて問えば、ソダソダ大判小判に投銭で金貨に銀貨これ様の御屋敷どっさり積った。
ソダソダ　御庭山もみ山小宮山積ったソダソダ山でたどえだら、筑波山立葉山、会津の国の盤梯山、庄内の国の湯殿山　月山　羽黒山の三山だ太夫さんソダソダ駿河で富士山日本だよ、マジメに言ったなら臼が岳　甲斐岳　津軽の岩木山　南部で恐山　仙台で華山だ。太夫さんソダソダ　男鹿の真山本山　五城目の森山　馬場目馬場目岳　舟岳　当年だ　ソダソダ　仁別で明観　阿仁の森吉山　能代の番人山　形神山おれどこころの山では太平山だ。
太夫さんソダソダ　天下の入山岳は馬口労町で西山と村山　男山　荒山集まって白いインペ5～6杯ひっかければ才蔵ならば元気になって、冗談言って、太夫さんソダソダ音頭はやし、うんとこどっこいしょう、これわい山踊ったり、はねたり、太夫さんが上手で　ソダソダ仙北郡で言っ

たなら、境の唐松　神宮寺の神宮寺岳、八沢木の保呂羽山　金沢の八幡山　横手の御嶽山　旭岳いかだで仙人山、持田で太夫さん　ソダソダ赤山でソンかり山、金峰山で沢口の観音山だ、太夫さん　ソダソダ　増田の月山や光神山だ、合川の権現山役目も小室山だ、院内で銀で三神山だ、太夫さん　ソダソダ三神山の頂上までも、当家にお金が続くどの、お祝いだよ、太夫さん、万歳

秋田万歳は四百年以上の歴史を刻んでいるから、土崎神明社港曳山まつりよりも歴史が古い。

元秋田マツダ販売（株）（能代営業所所長）で長年、「秋田万歳」の研究をされて、秋田民族芸能功労者である宍戸恒雄氏から資料の提供をいただいた。

佐渡情話

定年退職後、少し落ち着いたので、母さんと旅行しようか。どこがいい、北海道もいいが、島の生活ぶりも一度は見てみたい。

島と言えば、佐渡が情緒がありそうだ。

そんなに遠くないし、佐渡に行ってみようか、と一致した。金山、銀山もあるし、日蓮聖人が島流しされたところでもあるしなあ。早速自家用車で新潟港まで走る。

新潟港から佐渡港まで約五十キロ、ジェット船だ。凪も穏やかで男鹿半島が遥か薄く見える。初めてのジェット船。スクリューがうなった。船体が浮き上がる。海面を滑るように走らせる

凄い凄い時速五十キロ以上。新潟港はどんどん遠くなる。その間、一時間、眼前に見えてきた。ああ、佐渡だ、両津港だ。

母さんは感動押さえてる。私は少し興奮する。

さあ、下船だ。夢の島だ。マイクからの案内で乗客は足元を見つめながら、両津港の桟橋を渡る。

母さん、佐渡へ着いたよ。母さんは佐渡ねえ、とことば少な目だった。

私は瞬間思った。貧しい島だ。島の暮らしはいかばかりかとね。島を一周しても、車で一時間とかからない、島の観光バスで揺られながら、ガイドさんの説明を聞く。「君の名」の撮影シーン（佐田啓二と岸恵子）の高台に案内してくれた。日本中を沸かせた感動映画だけあって、胸を彷彿させた。

語部《かたりべ》は、初老の女で鶴の恩返しを情をたっぷり折り混ぜて語りながら、佐渡のトキ（天然記念物）表わした行動に涙した。

バスは海岸沿いに走り、島の裏側は、男鹿半島の険しい岩肌と違い、草木は海の袖まで入り込

んでいる。ひとり言で、「荒海や佐渡に横たう天の川」を口ずさむ。バス予定通り通行、佐渡の金山、銀山の洞窟へ案内する。江戸時代の、徳川幕府の経済を支えた金、銀の採掘だから、目を丸くしながら洞窟を進む。人形を人間に見立てて金銀を岩盤から砕く工夫の裸体姿は、立体的で男気の迫力壮観だ。

等間隔に記されたコメントに、昔の名馴みの女に会いたいなあ、がいやに情が誘った。

この苦労も、好きな女と会えると思えば、工夫たちのハンマーを砕く腕も軽やかになるのだ。その夜、大広間へ案内され、観光客と一献交わした。その席上でお酌の女性が悲しい身の上話をされた。

私たちは秋田市から来たんだよ、そしたらけんもほろろに、貧乏家庭で職もないし、横手駅裏から、仕事を探し探しここまで来てしまった。やつれた顔の四十代ぐらいだった。

あまり深くは聞かなかったが、子供もいそうで、女手一つで子供を育てるため、この佐渡で働いているらしく、私と母さんは瞬きもせず、話に聞き入った。

母さんは頷《うなず》きながら、一杯どうぞと盃に注ぐ。次の日は、酒造りの蔵を見学する。秋田の酒造会社から見れば小さくて、酒樽も多くなかった。そこの店主曰《いわ》く、「自分たちの名前では知名度も低くて、売れないので、秋田の酒造名のラベルで出荷してるんですよ」とても惨めだなと、思いながら酒造店を出る。

ガイドさんの話では、「七万人居た人口は今は四万人以下になり、中学を出れば職が無いから、ほぼ、本州に渡るんですよ」。同じ新潟県なのに、生活のレベルの格差はひどい。

母さんと、私は、佐渡の人たちに少しでもよろこんで貰おうと、お土産に佐渡の名産のコンブを手に持ち切れないほど買って来た。

海に浮かぶ島には、人ってセンチメンタルになるものだ。ところが海を越えて地を踏んでみれば、貧しい所だ。住民は生活にひしがれていると、すぐ分かる。とても、かわいそうだ。人情は走る。しかし囲りの海はきれいだ。山に囲まれている島だ。

この佐渡の人たちは、本州を眺めて、どう思ってるだろうか。半年でも一年でも一緒に暮らしてみたくなる思いをした。自分たちの幸せを少しでも分け与えてやろうとさえ念にかられた。

同じ日本人で、同じ県人でも島に住われる島人が貧困にまみれなければならないのか、とても疑問に思う。自分たちの目で足で見てよかった、とつくづく思う佐渡情話の旅だった。

ほどほどの幸せ

戦中戦後育ちの私です。今の時代まで生きて思うこと多くあり。

一つに、ほどほどの幸せで暮らせる世の中に感謝する。幼な心に体験したあの戦争の悲惨さ、戦後の食糧難で栄養失調寸前のことを思うと、こんなに世の中がひらけ、医療技術の恩恵で不自由なく、国の存亡をかけて、平和な世にしてくれた先人や国の導いた粋を集めたことに崇敬の念に感謝する。

反面、地球上で一独裁者の独善的な考えで一国を崩壊させようとしたり、不穏な兆候が起ころうとしている。人や物を無限に破滅している現状は、この兵器がめざましく進んだ時代だからこそ、崇高な真理を守らなければ、人間の未来に大きな禍根を残すことになり、自由のしあわせを奪い取ろうとする実体である。

地球上で暮らす、八十億人の人びとと、百万種類とも言われる生きものの命を奪ってはならない尊い尊い理念を共有してこそ、ほどほどの幸せが掴めるのではないか。

人は温《ぬく》りを求める

温りには男女の差はありません。

心の温り、ことばの温り、手の温り、はだの温りがあります。人はそれを受けたとき、感動したり、感謝したりします。人の触れ合いは、生きて行く上でとても大事なことです。

人をおとしめる、卑下する、下達するのは人間を無視するからである。この世に生を享けてから、すべて平等公平からはじまる。

環境・経済力にどんどん差が出て来ると、上下達が生まれて来る。いわゆる膾炙《かいしゃ》であり（広く人の口にもてはやされて、ほめられ、人々に知られること）学力不足である。

貧困から来る社会の排他主義、さらに人を人として認めてくれない傲慢さで、とても悲しいことである。これをすべて無くするのは難しい。だが、苦境にある人、生きる力を失った人たちに、温りを差し述べることは、むずかしいことでありません。老若男女問わず、平等公平な目で接すれば、必ず解決できよう。

日本は経済大国（最近はドイツに抜かれて四位）医療先進国、長寿国と世界からもてはやされているが、地域僻地、貧困層が全国に存在していることを忘れてはならないし、これ以上格差をつくってはならないと、佐渡の旅から得たからこの章を記述したのである。

日本の学歴偏重社会

子育てから大学へ行くまでの過程は、レールが敷かれている

①親が安定した職業に就いているか（医者、弁護士、公務員、建築士、大会社社長、高級管理職等があげられる）

②両親がそこそこの頭であるのも問われる

③良い家庭環境になっているかが挙げられる。それが都会は端的に表れている。地方でもだんだん、そうなってきている。理由は学校だけの勉強では、高校・大学受験に十分対応し切れない。従って、低学年の時から、塾や予備校に通わせなければならない。

そこに必然的に家庭経済に一定の収入が求められるし、送り迎えへの時間的余裕もなくてはならない（ほとんど自動車の送迎）。

どれも伴わない子供たちは偶《たま》には破格の例もあるが、それは希《まれ》であり、仮に親子死にもの狂いの努力で、大学合格して進む医学部だとして、親の収入からして、地域枠は授業料、入学一時金、県で全額補助する。

条件として、卒後十年は地元指定の病院勤務になる。途中で他県や自己都合で、それを履行しなければ、一時金で全額返還せねばならない。契約違反二〇〇〇万円ほど。

これは一例だが、世の中の趨勢や社会の学力偏重がそれに拍車をかけているのが日本の今世である。数年前の話では、中国では子供の勉強する机の後で母親が鞭《むち》を持って立っているとか聞いたことがある。

これは、人間社会である限り、誰も止められない現象ではないだろうか。

以前、私は営業職（セールス）の特訓で聞かされたことがある。将来は、人に使われるか、人を動かすか、機械のみ相手にして、一生働き続けるかの時代が到来するよ、と予見した人がいた。まったく、その通りに動いている。言い詰めれば、物を相手にするか、人を相手にするか、二つの選択肢になることを言っている。つまり、頭脳職、労働職、その中間は営業職である。

世間話の一考

いつかの新聞記事に、老後資金二〇〇〇万円問題が出ていた。現実離れだと世間の不安をあおった（金融審議会市場の報告書）。

これについて私は少し考えてみたい。

六十五歳で退職して職を持たれない夫婦の老後生活はどれだけ必要だろうか。やはり二〇〇〇万円だ。その根拠はどこにあるのか。私は大雑把にはじき出してみた。

男性の平均寿命八十齢、女性は八十七齢だとして生存は男二十年女二十七年である。

実支出（食料、光熱費、社会保険料、税金、医療費、教養娯楽費等）二十六万円、対する実収入（公的年金、私的年金その他の収入等）約二十一万円（会社員である第二号被保険者とみる）

〈収支の比較〉

（収入の部21万円）―（支出の部26万円）＝△5万円

5万円×12ヶ月×20年＝１２００万円

病気、ケガなどの不測の出費、冠婚葬祭など

50万円×20年＝１０００万円

併せて１２００万円＋１０００万円＝２１００万円不足が根拠となる必要額である。

この必要老後資金は、退職金一千万円としても不足額は千二百万円ほどだ。たのしく過ごせる筈の老後は、暗い人生になってしまう。ちなみに自営業（第一号被保険者等）は基礎年金のみで

あるため、さらに不足額が多くなり、不安を一層あおる。

この不足の老後生活を準備するのは生やさしくないが、NISA（少額投資非課税制）やiDeCo（個人型確定拠出年金）いずれも老後の暮らしの準備資金となる。

四十代、五十代から考えるのがベターである。老後になってうろたえないためにも。
※国の年金制度を理解しておくのも大事である。年金額は生活費の50％前半を維持しているようだ。5年ごとに賃金と物価を勘案して、見直している、それがマクロ経済といわれている。すべての年金者の平均値が13万程だとすれば毎月十万以上の不足となる。
これは大変な話だ。

40歳以降になれば年金定期便が届くので自分たちの将来をその時から見直しできる。

これはあくまでも私の世間話しの一端にすぎないので参考にしないで下さい。

V

（未来）

土崎港町の展望

〈秋田港に大工業基地の構想、橋本運輸大臣演説より〉

昭和四十五年八月十九日、日本海時代に希望を寄せていた「秋田北港（堀込港湾）」竣工。秋田地区を大規模港湾を含めた大工業地帯として開発をまとめている時代だけに、この新しい工業港の誕生は、関係者にとって幸先のよいスタートだった。

港湾開校式に臨時出席された橋本運輸大臣は、秋田港に大きな希望をもたらし、「日本海唯一の大規模工業港として誠に有望とし、特に硫黄分の少ない石油、天然ガスの開発により、公害のない理想的工業地帯になる」。

公共投資は「千三百五十億、民間投資一兆一千億が期待できる」と気の遠くなるような数字を上げ、満場の度肝を抜いた。

度量のある政治家だった。後に総理大臣になる。更に「運輸省は秋田港湾地区を日本列島に於ける最大の大規模工業地帯」としており、近く具体的調査に乗り出すことを明らかにした。

六十年を目標にした大規模工業構想とは、秋田港新産業都市建設計画を土台にして練られていた。秋田市から天王町、男鹿に跨《また》がる秋田湾とその周辺地帯に大規模工業港と大重工業地帯をつ

秋田北港から望む秋田港全景

くり、国家的な見地から、六十年をメドに国際競争に立ち、有数な開発拠点にしようという意欲的な未来像である。

　この構想は、現時点に於けるあらゆる可能性を追求した結果、生み出されたものであり、第一苫小牧、むつ小笠原（青森）、中南勢（三重）、など全国六ヶ所に選ばれた開発拠点、日本海側ではただ一つ秋田湾地区が選ばれたもの。

　この話題が人びとに広がり、天王周辺が秋田のベッドタウンになるのだと思い、地元（男鹿街道～出戸浜）の土地を買い漁《あさ》るものも多くいた。当時の私のお得意さんの何人かも安かった土地を買い求めた（二百～三百坪）。そして小畑勇二郎知事も大いに県民に歓起し、石油コンビナート船川港周辺に日本鋼管・永大産業を誘致に乗り出した。

〝海をうめて〟

　秋田湾地区を大規模工業開発基地の最適地として挙げている理由は次の点にある。

　先ず第一に地理的な条件

港セリオンタワー

秋田北部付近までは男鹿半島の遮へい効果のため、風波が穏やかで、台風、津波、地震等の自然災害の発生が少なく、地盤沈下、海面侵食もまれであり、大型港湾の建設も可能である。工業用水の水源も豊富で、雄物川、米代川、八郎湖残存湖が利用できる。

〝五万トン級の岩壁も〟

建設構想によれば、工業基地の中心部は海を埋め立てて、造成したい考えでいた。

これは船川、船越地区の水深九メートルの海面を埋め立てて、海岸に砂地を合わせて五千ヘクタール（五千万坪）の工業団地をつくり、これを基幹工業地域とする。

その周辺内陸部には五千～七千ヘクタールの関連工業団地を確保して、その一部に総合的な市街地と住宅団地を造る。土地利用計画の中で、注目されるのは、海洋地と内陸部の間との緑地（七百～千メートル）そのまま残し、公害防止や自然休養の場に生かされる。

また男鹿半島、太平山仁別、岩城町海岸などをレクリエーション基地として開発する。

新しい港は三十万トン～五十万トンの船が航行接岸できる幅千メートルの航路と岸壁の巨大な構想が練られていた。

この世紀の大事業は、地元土崎に限らず、県民の大きな夢物語になろうとしたが、四十八年の石油ショックはじめ、それに続く長期にわたる不況などにより、日の目を見ないまま、その他の事業の一部を残し、浅い夢となって消えたのである。

（「土崎史談会」より）

土崎の大工場と大会社

土崎の大工場、大企業はなんと言っても、国鉄土崎工場と日本石油秋田製油所である。

国鉄土崎工場の建設は、明治三十九年に奥羽線の開通に伴って、一大車輌修繕工場の必要性を感じて、位置を土崎港町と定めたのであった。

明治三十九年工事建設費百万円を水力発電所設備費三拾三万の予算をもって起工し、明治四十一年建物の一部を完成し、原動機以外の据付を了し、十一月二十五日から作業を開始した。当時の従業員は二五〇人であった。

作業効率を図り、設備や作業方法の改善と優良従業員を養成して、作業範囲を拡張しながら現在に至っている。

日本石油秋田製油所の沿革

秋田製油所の創業は、日本石油会社が明治四十一年旭川油井に井戸を開始し、町の有力者の後援で敷地の買収に着手した時から始まる。

はじめ九万余坪であったのが次々に拡張して現在では当時と比較すると、約二倍の六区域になっている。明治四十三年七月に工を起こし、十一月第一期の設計を完成し、旭川から原油を四吋管七千五百米によって自然流送をつけ、十二月一日より製油作業を開始したのである。

大正三年五月、黒川油田でロ式第五号井が一日一万石の大噴油に会ってから、引続き大きな油田が現れたので、根本的に設備を改革することとなり、大正四年当時の製油技士長高橋耕一氏を露国に急派し、連続蒸溜法を研究させた。その結果同年十月より東洋における「露国式連続蒸溜法採用」と嚆矢となった。

土崎の大工場と大会社（日石）

大正十一年日本宝田石油会社の合併となったので、大正十一年三月総工費八拾余萬円を投じて連続蒸溜釜を増設し、再度の大拡張工事を起して根底より面目をあらたに、付属建設物の移動及び新設を行って、場内に一幹線路を築造して、すべて整頓した大工場の実質を備えた。

製品の種類
揮発油（自動車）、燈油、軽油、機械油、高級油調合用プラントストック、赤モビール油Aおよび B スピンドル油、特級別マシン油、ダイナモ油、車軸用各種及び宮器用特製品として海軍用外部鉱油、満鉄会社及び鉄道省用各種油、芝浦東京市三菱納め各変油及びスチッキ油、アスファルト。購買力は不記載とします。

（「土崎発達史」より）

町民に愛され、寄与した商店会社

地鯉亭　大内旅館　一丁旅館　藤政旅館　ホテル大和　市電のりば　宮本ちくや工場　みなとや八百屋　四十八銀行　金子物産　村井酒店　丸金呉服店　割烹九重　佐々市洋服店　相房商店　幸野谷紙店　相吉商店　近江谷菓子店　五十嵐洋裁店　旭モーター　〈カ一はきもの店　五十嵐セトモノ店　井川乾物店　松本茶舗　宮崎印刷所　天洋酒店　長門屋パン屋　みつわ洋品店

布施青果店　カフェ魚仁　大嶋雑貨店　テビド魚店　小山田商店　山下金物店　戸島製作所　伊藤八百屋　中川ふろや　高井ふすま店　継田電気店　明月堂菓子店　木末ふとん店　石崎商店　菅原金物店　栗谷酒店　吹谷商店　土崎冷蔵　渡長製氷所　港の銀水　佐野家具店　土崎映画館　菅原染物店　さくらんぼ　山本スポーツ店　いわやおもちゃ屋　長谷川呉服店　いろは食堂　筒井酒店　縄田屋菓子店　村田靴店　吉岡キャンデー屋

まだ私の分からない老舗があるかも知れない。概略から言って、土崎港全体の一割しか残っていない。しかし土崎港町に魅力を感じて、新規店舗、新規出店もある。この方々を大事にしながら、土崎港の発展をこの目で見てみたいと思う。

〝土崎港に栄光あれ〟

そして思うこと、街並み閑散

栄枯盛衰にあって、今も港曳山まつりは港町の人びとには、大きな存在であり、港町を支えている土崎神明社の伝統行事である。

家業を継ぐには、三代目が一番むずかしい。初代創業者は、独立して、無我夢中で働き、絶対成功させるんだ、という意気込みがある。

二代目は、親のその姿を見て育つから、お客様（お得意様）の信用、信頼を維持するため、初代の築いた財産を守り続ける努力をする。

三代目は、自分が築いた財産（知的、人的、物的）出ないから積極性に欠け、子々孫々にまで残そうとしない。つまり開拓心の旺盛さが見られない。すべてが消極的になるから商売は先細りになる。さらに、先代からの重圧で頓挫することもある。

三代目を守り越えれば、世間から老舗と呼ばれ、腰を据えて次代へと継がせようとする。これには大抵百年以上の歳月が要する。

中小企業、大企業といえども、この流れは同じである。秋田では、木内百貨店、土崎では地鯉亭、大内旅館がその例である。私の長年つとめた親会社のマツダ本社（広島）も三代目で経営危機になり、住友銀行の管理下に置かれ、アメリカのフォードと資本提携し、経営権を渡した。それからマツダは起死回生して、現在では、日本の自動車大手メーカーの一角を担い世界に名を馳せている。

家業を守り続ける二代目以降

仕出し末広　日本料理（新国道）二代目

船木鉄工所　四代目（現在、秋田市川尻大川反へ移転）

加賀英　老舗呉服店（新国道）
越中谷写真館（新国道）
最八商店　初代明治（旧永覚町）
鈴忠商店　米・燃料（旧永覚町）
開港堂菓子店　創業百二十年（旧下酒田町）
那波商店銀鱗　創業文化十四年（旧永覚町）
大民石油販売　創業百十年
越中谷理容所　老舗四代目（旧加賀町）
大島理容所　老舗四代目（旧肴町）
ふとんのさがわ　創業明治三十八年（旧肴町）
高橋時計店　創業大正二年四代目（旧肴町）
竹中商店　昆布カスベ　創業昭和二十七年（前清水町現肴町）
ナベヤ自転車店　創業九十六年（旧肴町）
ファッション伊藤　創業時伊藤衣料品店　創業昭和二十四年二代目（旧肴町）
細川蓄音器店　愛称細川レコード　創業大正十四年三代目（旧下酒田町）
舛屋薬局　創業文久二年六代目（旧加賀町）
千田精肉店　土崎唯一の精肉店三代目（旧旭町）

老舗の時計店　なべしま（旧下新町）。正式には二代目、先祖は佐竹公入城のときにはじまる。

土崎ってすげえなあ、いやまだまだあるんだよ。紙面上書ききれないので打ち止めしたんだ。これだけ並べ切れないほど、土崎港の歴史の深さが表れているのがよくわかるよ。これからは、港町の土崎は秋田港の新産業工業港の発展と共に、再び栄えると思う。間違いなく、そのような未来が到来するものと確信する。これから港を背負う若い世代の若者だ。

さあ〝ゴーゴーダッシュ〟

（土崎港元町商店会発行「灯—秋田の港町商人—」より一部抜粋）

挑戦は若さの維持

挑戦心があればこそ、若さが維持できる。若いうちも差が出る。老後にも差が出る。

その差は、若い世代は努力で縮められる。しかし、高齢になれば、体力、知力、思考力の衰退によるため、縮めることはむずかしい。

だから、それらを蓄積しておくのが老後の安定した生活に繋がる。知人、友人、周囲の人びとを見たり、聞いたりする度に、奈落の底を見ることがある。

ああ悲しい、無下である。

七十代後半に家族に言われて、免許証を返した。昨日まで長年運転してきた車を車庫に入っている車を見ては、ハンドルを手に掛けても動かせない。なんともどかしいことをしてしまったろう。天気のいい日、ドライブに行けない。病院、買い物も人の手を借りなければ行けない。

別居している息子は、電話をくれれば、いつでも迎えに行くとはいうものの、自分の手と足のようにはなれない。

日が経つにつれ、家に閉じこもる日が多くなる。それが淋しさと孤独から認知症へと進む。それに代えるだけの趣味もないから、頭はどんどん退化する。それにつれて病気も増え、入退院を繰り返す。

若いときから、年金、保険、貯蓄に無頓着、耳を貸そうともしない三十代、四十代に国の制度に逆らって、老後（六十齢以降）の生活は惨めだ。親の居るうちは親の年金にしがみついて生きている。

仕事を探しても、人のやりたくない仕事とか、昼夜働かなければ食っていけない。その日暮らしもいいとこだ。こういう人は、ほとんど蟻《あり》ときりぎりすの物語に出てくるような、すべからく、若い時の生活態度に多い。いわんや、老後の挑戦心は、生活に困らない範囲で試みることだと、言いたかった。心のエネルギーになるのも請け合いだ。

もう手の届かぬ弟

ここまで出世した弟には感慨無量、それ以上に届かぬ存在になった。東京へ出て通算五十五年、小柄な体の中に負けん気の強い土崎魂がきっと燃え続けていただろうか。五人兄弟姉妹で、上から二つ三つずつの年の差だが、末っ子の弟は四番目の私より七つ離れている終戦直後の生まれだ。

上の四人は、貧しい家庭生活の中で苦労しながら卒業して社会に出たが、弟は親にかわいがられ、それほど不自由なく育った。私の直下《じき》なので、自分の子供のように大学を出るまで面倒をみた。おぎゃーと生まれたのを障子にたんぺ（つば）をつけて覗《のぞ》き見をした。産婆さんにたのまれて、お湯を入れたボールを手渡した。おんぶして子守唄を聞かせながら、そっと布団に寝かせるのが私の仕事みたいにした。

小学校のときは、手を引いて校門に入るのを見届けてから、中学校へ向かった。中学三年の時は、父兄参観で弟の教室に入った。また、高校三年時の大学受験の際は、担任の石川英一先生宅（私も在学中化学の授業を教わった）にあいさつにも行った。そして、千葉の大学卒業するまで母と協力しながら四年間仕送りを続ける。

大学の入学式へは、同輩の息子の父親と夜行列車で東京駅から京葉線で市川駅で下車、そのまま入学式会場へ父兄として参列したときは胸が込み上げた。これから四年間、弟を支援する覚悟ができた。秋田マツダ入社二年目であった。

土崎の自宅へ戻ったら、仏壇の前の衣紋掛けに下げていた高校生の時の学生服にしがみついて母は泣いていた。深い愛情と母の切なさだった。

はじめて末っ子を東京へ出した悲しみなのか、今まで育てた甲斐があったか、卒業まで一人で頑張って行けるのか、そんな入り混じった心境での母のすすり泣きではなかったろうか。その晩、大学入学式の模様や、下宿先（学生寮）の環境などを細かく話した。母は安堵した。

母は言う、これから自分（母）の稼いだ給料で仕送りして、おめの（私）の給料で二人で生活するから、力を合わせてなと励まし合った。

母は頑丈な体で、風邪一つひかず、芯の強い明治生まれの女性である。子育ての信念を通した母であり、九十四で逝く。

弟も体壊さず四年間の学業を修め、卒業の日を迎えた。卒業式には、弟の晴れ姿を見せたいと思い、姉親子を連れ立って母を送った。そんな思い出の中にも弟への愛情は不変である。弟は上の四人にないものを持っている。弁が立ち、相手に臆さない気性であり、主張ははっきり言える。子どもの頃は近所のわらし（童子）たちとケンカは敗けなかったし、手や足の出るのも早かった。これらが会社づくりや今の地位になったのでは、と私は言い切る。

だから、東京へ出て四十九年、東京管工工事協同組合（業界千二百社以上）のトップの理事長にこの五月に就任した知らせが届いた。とてもうれしく誇りに思う。

大学卒業後、一旦、郷里秋田へ戻り、兄の会社で管工事技術を身に付け、設備会社を始めたが若さの至りで失敗。悲壮の極みまで達し、死の淵まで自分を追い詰めた。しかしまだ若い、人生やり直しは効く。一念発起して再び東京へ出る決心をした。

私は弟の身の回りの物を金に変えて、東京へ送り出した。しばらくは案じたが、働き先が決まったと連絡を受けたときは自分のごときうれしかった。

十年の会社づとめの間、心身を磨き、人を見る目を養い、辛苦かん難を乗り越えて、新たに会社を興す。社員には厳しく、自分にはもっと厳しく築き上げた人脈を駆使しながら、給排水、衛生設備、空調関係の会社を手堅く業績向上にと邁進して行く。社員には厳しい姿勢であるが、給与、家族への福利厚生は手厚く、それが実力の伴う会社づくりだと断言していた。〝社員は宝だ〟説得力があることばだ。

だが、義理人情は懐に温め、合理的にものごとを考え、情に流されない信念を持っている。生き馬の目を抜くほどの東京の激戦地で変わらぬ会社経営に一心不乱傾注してきた弟は、もはや、兄といえども私の手の届かないところにいるだろう。

以下、経歴と公職を挙げてみる。

昭和二十一年一月二十四日　土崎港肴町二十五番地に生まれる　五人兄弟の末子
昭和三十九年三月　秋田中央高校（前秋田市立高校）卒業　剣道部所属
昭和三十九年四月　千葉商科大学経営学科入学
昭和四十三年　同大卒業
昭和四十四年　日産設備設備（兄の会社）入社
昭和四十八年　（有）新栄設備工業立ち上げ（失敗）
昭和四十八年から十年ほど東京都内の会社で技術・人間関係を磨く
三光エンジニアリング（株）興して四十年
代表取締役社長　五十嵐　隆　東京都江戸川区松江三丁目九番一九号

〈事業内容〉　給排水・衛生設備工事　空調換気設備工事　消防設備工事　リニューアル工事
〈案件実績〉　公共工事　民間工事
〈社員数〉　四十五名（毎年大卒採用）
〈今期売上　令和六年三月期〉　三十億円　東京証券市場第二部上場
〈弟からのメッセージ〉
○当社はあらゆる建築物に対応した管工事の専門業者です
○水と人と空気をつなぎ、快適かつ安心で安全な設備を供給するのが当社の使命です

○一九八四年の設立から長く培った技術とノウハウを駆使するとともに、精鋭の技術者を育成し、お客様に満足して頂けるよう、日夜努力しております

〈公職〉　東京都管工事工業協同組合　理事長
東京都管工事工業協同組合連合会　会長
全国管工事業協同組合連合会　副会長
東京都職業能力開発協会　副会長
江戸川区機械設備防災協会　副会長
東京都商工会議所江戸川支部　副会長
東京都火災共済協同組合　常務理事
管工業健康保険組合　議員
東基連江戸川支部　副支部長
東京都中小企業中央会　理事
（平成四年度東京都功労者表彰小池知事より、都市づくり功労や都民への貢献が評価される）

〈弟の利点〉
先を読む（経営に重要）
切れが良い（出すべきときは惜しまない）

口の滑りがよい（母親似かな）
決断が早い（後へ延ばさず）
意見ははっきり主張する（ポリシーがある）
人を批判しない（相手のよいところを認める）
親兄弟身内に義理堅い（恩を感ずる）

〈欠点〉
短気なところがある
けんか早い（手足が出るのが早い、今はない）、しかし後はない
走り出すと止まらない（丁々発止のところがある）
気障（きざ）な面がある（今はない）

※東京都小池知事と業界代表でテレビ対談数回

現在と未来の土崎

太平洋戦争が終結した昭和二十年八月十五日は、私は小学校一年生だった。不確実だが見聞や経験でおぼろげに記憶があるから、今と昔を語れる。湊八丁、港曳山祭り土崎衆の土性骨を自分の観点から栄枯盛衰を論じ、未来を展望したい。

あの活気あふれる港びとの勢いの商店振るまいの繁盛はどこへ行ってしまったのか。なぜ衰退の一途なのか、そこから見てみたい。

土性骨とは、生まれながらの性質で気概があり、明るく勇ましく動き回ることを指す。それに最も表れているのは、港曳山祭りの曳子たちだ。三百五十年余の伝統を継承され、今や世界に響く勇壮無比な港祭りである。ここで、今の土崎港町を考えてみよう。

二代目三代目となろう老舗が陰げ淋しく消えて行く。特に湊八丁通りの商家である。これは土性骨と大いに関係している。二代目三代目になろう息子娘たちが後継者として育たない、なぜか。簡単明瞭、育てないからだ。

家柄が旧家であればあるほど、自分の代を守ろうとしてかまど（財産）をがっちり握り、嗣子に譲らない。だから息子たちも本気になって商売に身を投じられない。家から出て土崎を離れる。

もう一つの理由は、先代が築いた商法のやり方を頑《かた》くなで変えようとしない。そこに時代に合った新しい発想も生まれず、転換もできない。

まだ言うならば、一匹狼で始めた商人が多いことだ。これは世の中隆盛のときは限りなく伸びるが、ひと度《たび》、景気が落ち込むと、とても脆《もろ》い。他と強調するなさから来るのだ。これらの現象は、当地土崎に限ったことではないが、全国津々浦々にも言えるだろう。

三つ目の未来

然らば、土崎港町の再興はないのか。私は決してそうではないと思う。古い港町には蓄積された有形無形の資源はいっぱいある。神社、仏閣、その一つ、北前船で栄えた秋田港（旧土崎港）の前身が日本海の重要工業港に指定されている。現在の予定で洋上風力発電の十基設置はそのあらわれだろう。豪華客船クルーズ船の寄港地にもなっている。なんと言っても国連教育科学文化機関（ユネスコ）の無形文化遺産に登録されている土崎神明社行事の曳山まつりだ。将来託せる人材も沢山いる。

ＪＲ（旧国鉄）土崎工場、日本石油基地、自衛隊秋田駐屯地も外に発進できる。そして秋田市全体の１／３を占める七万六千人の人口を有しているのが強味である。

人の集まる所には必ず金が落ちる。ちなみに、私が育った頃の曳山まつりの七月二十日、二十一日の二日間で一億円落ちたものだ。一軒の家で祭りの料理に掛ける費用は五万も惜しまず随分気風《きっぷ》がよかった。一台の曳山には最低二百万円の予算を投じた。二十台の曳山で四千万円が地元で使われたことになる。
四百年前からのみなと衆の刹那《せつな》的でラテン気質は、一概に良しとは言い切れないが、先人達の生き方の流れを繋いできた金で代えれない大きな心の無形資産だと私は断じて止まない。これからもそう生きてほしい。
これらのことを踏まえて、若い人たちが中心になって、この港の活気を取り戻してこそ、再びの土崎港町が発展して行く。私は確信する。昔の元気だった古い人たちのバックアップは絶対必要だ。（温故知新古きを訪ねて新しきを知る）
私の郷土への熱いメッセージである。

迫力満点

土崎港曳山まつりを堪能した。

土崎神明社（天照大神）祭の曳山に降臨される神様のお力が、あの大雨がうそのように晴れ上がり、二日間青空に恵まれた。

勇壮さと荒ぶる港魂血潮たぎるジョヤサの天に轟く掛け声に胸が掻き立つ。過去最高の二十六台の山車、出自の肴町が統前町と聞き、この勢揃いの豪華さは絶対見逃してはならないと満を持していた。

　地元肴町育ちで、若い頃、曳子として参加した。音頭上げのきれいな呼び声と拍子の合図で山車は動き出す。勇厳な裸人形は畏れを為すほど、ギィーギィーと車輪（ワッパ）の軋み音、音頭上げ（上声）のドトートドコセ曳子（下声）イヤーサー（上声）アーイサー（下声）エーヨーイサー、ここで歌が入る。曳子ソーランハハラのエンドハララハララノドッコイヨーイトコートコジョヤサ〱の一心同体がリズミカルだ。

　頑丈な体の振り棒の止める、曲げるの動作は、山車の安全運行と豪快さを一層引き立てる。これが港衆の真髄だ。男女問わず、左右に揺さぶりながらの綱の引き方は迫力満点だ。

　曳山の目的は、夏に悪い病気が流行しないように、祟神《たたりがみ》や悪霊を鎮め、神が降臨して、それらの邪気を追い払うという意味がある。

　四百年近い伝統行事は、郷土に誇れる無形文化遺産である。カメラを片手に祭りの凄さを収めながら歩いていると、六十年ぶりに鉢合わせした踊りの師匠から声をかけられ、子供の頃の話に一遍に戻った。また百年以上の老舗菓子処のお上さんとの会話に花が咲いた。土崎港町に生まれながら高齢になっても感動を与えてくれる郷土に深々と頭を下げた心の踊る二日間だった。二十年若返る。

　郷土に永劫あれ。港町を継承している若者に喝采。

港曳山まつりへの熱烈な思い

港のジョヤサ　新屋に住んで久しいが、私は生まれも育ちも土崎港だ。港衆のにおいは肌から離れない。今年の土崎港曳山まつりは残念ながら中止となったが、この季節、心が騒ぐのは変わらない。

土崎港曳山まつりは、三百年以上の歴史を誇る土崎神明社の伝統行事である。四年前、国連教育科学文化機関（ユネスコ）の無形文化遺産に登録されて、一層の名声がとどろき、県内外、海外からも見物客が増え続けている。

先頭の音頭取りの「ドードコ、ドードコセー」に引っ張る曳子たちが「ハラヨーイヤー」と応じる。港衆の威勢のよさ土性骨、木製の車輪がギィギィーときしみ、ジョヤサ〲の勇ましい声に胸が躍る。武者人形と裸の人形は勇壮で畏れを感ずる。

以前は荒っぽい場面もあった。石を詰めた一斗缶を地面に角が丸くなるほど叩きつけ、時には、その缶を投げ合うことも。非常に危険なので後に禁止された。無礼講のもてなしもなくなった。マナーがよくなったのだ。

秋田魁新報に載っている「港に響かぬジョヤサ」の記事を読み、今また胸が高鳴っている。すべて吹き飛ばすようなまつり行事、わが郷土に思いをはせ、今年は心の中で酔いたい。

この伝統行事を次世代に引き継ごうと、土崎港ばやし保存港和会は、来年に向けて、練習を再開したという。土崎育ちの一人としてエールを送りたい。土崎港の未来が光り輝きますように。

（令和二年七月二十一日「秋田さきがけ新報」〈えんぴつ四季〉に掲載）

耳朶《じだ》に残るあの日の玉音放送

この時期になると、一九四五年八月十五日正午の玉音放送を思い出す。

母の実家のある横手市金沢町へ疎開していた国民学校初等科一年生の時だった。外で遊んでいたら「天皇陛下のおことばが流れるから、すぐ家へ入るように」と誰からとなく言われた。

家の大広間は、こうべを垂れた近所の大人たちがいた。ラジオは、音が飛び、雑音まじりだったが、聞き逃すまいと皆シーンと静まり返っていた。

「耐え難きを耐え、忍び難きを忍び……」と玉音が進むにつれ、皆すすり泣いていた。無念さと、戦争が終わったことの安堵による涙だったのだろう。

一週間後、担任の先生が「一度親元へ帰りなさい」と言うので、土崎港の自宅へ戻った。その時に凄惨な空襲の被害の様子にご飯は喉を通らなかった。

日本石油秋田製油所は廃墟になり、トラックで運ばれる死体から血の滴がこぼれ落ちていた。わが家はそこから約一キロ離れていたが屋根を突き破った爆弾の破片が畳に数ヶ所刺さっていた。家の前の堰は赤褐色だった。

終戦前夜の土崎空襲では米軍百三十機のB29爆撃機が約一万二千発の爆弾を落とし、土崎全体で二百五十人以上の死者が出たとされる。

当時のことは忘れようとしても忘れることはできない。無残極まりない、軍国主義者の無謀な戦争だった。海軍将校だった叔父は、まだ二〇代だったが、弾が貫通して、船上で戦死した。

太平洋戦争の焦土から今に至る日本は、その教訓の上にある。戦後の日本は平和憲法の下、一貫して世界平和を呼びかけてきた。だが、軍国主義の残滓《ざんし》は完全に払拭されたと言い難い。

平和国家の構築のためには、日本人の揺るがない信念とたゆまぬ努力が増々重要になる。世界に模範を示したい。七十七年前の玉音放送はいまだに耳朶に残る。二度と聞くことのないようにしたい。

（二〇二二年八月十五日　秋田さきがけ新報に掲載）

明治期より土崎港の学校

（1）寺子屋

本町に鎌田永二郎が書字師匠として、安政元年より明治五年まで。その他（士族）が寺子屋教育に当たった

（2）宗善小学校

土崎と合併する前の相染新田村に「宗善学校」がある。明治十七年創設で、範囲は、飯島、相染、穀丁、飯田の四ヶ村学区で建てられた

（3）勤商学校

明治二十年頃、土崎に商家の子弟を育てるため、「勤商学校」と称する私塾がおこったが、長く維持できず閉校となる

（4）土崎第一国民学校

明治五年学制が公布されてから、寺子屋では完膚さることはできず、明治七年三月三つの学校が創立された。

清水町を土崎学校、永角町を大湊学校、旭町を瀾学校の三つであった。以上の三校を合併して、

土崎学校と名づけ、広く生徒を募集した。

また、女子の教育が必要と感じ、女学校を開き、土崎学校の隣へ一校新築して湊女学校と名づけた。

(5) 土崎第二国民学校

土崎第一小学校に合併していた湊女学校を女子のみを収容することとなった。この時は、女子尋常高等小学校と称していた。その後、町民は男女共学制を叫び、昭和十年尋常科一学年入学生よりこれを実施した。校名を土崎第二小学校と改めた。生徒数千六百名となる。

(6) 土崎商業学校

本町は、由来商業地として発達してきた。されど商業教育は国より発達せず、勤商学校あったものの標榜せるも維持久しからずして閉校した。

商人は日常の計帳、計算や往復文だけでは、商取引は不可能な時代に到達したので、素養ある商人の要請をせねばとの自覚心より頻《しき》りにその機関を要望し、遂に大正九年四月土崎商業校の設立となり、多年の繁栄の実現を見たのである。

(7) 土崎高等女学校

(8) 土崎男子青年学校

(9) 土崎女子青年学校

(10) 土崎幼稚園も設立

人生は長い航路

（「土崎町史」より）

人の誕生から生涯の区分を日数にすると、

一．乳児幼児期～０歳から５歳ぐらいまで、養育される期間
二．少年期～18歳ぐらいまで、人格形成される期間
三．青年期～30歳ぐらいまで、羽ばたく期間
四．壮年期～60歳ぐらいまで、働き盛りの期間、人生を謳歌する期間
五．高齢期～80歳ぐらいまで
　成熟期～１００歳ぐらいまで　幸せの有無
六．上寿期～１００才以上、大往生の期間

０～５才　１日／３６５×５年＝１，８２５日

6〜18才　1日／365×13年＝4，745日
19〜30才　1日／365×12年＝4，380日
31〜60才　1日／365×30年＝10，950日
61〜100才　1日／365×40年＝14，600日
合計　36，500日

神様から生を受けて、この世に生まれて、長い道のりを歩んで行く。これは人間だれしもまったく同じである。

夢と希望を追いかけながら、目標に向かう。すばらしい旅路である。36，000日を自分はどう生きたか、そして旅の終わりはどうであれ、疲れ切った心身を仏さまが諭して迎えてくれる。人間は他動物にない崇高な理念がある。それは脳細胞が無数に存在しているからだ。たった36，000という宇宙から見れば短い間で、思考し、行動を起こして、挑戦し、目標に向かう努力は永遠に尽きない。それを子々孫々へと引き継いで行く。これが宇宙の中の一つの星である地球人間だ。

この旅路の過程で挑戦という二文字がある。挑戦にはそれぞれ異なるものもあるし、分野も異なる。スポーツ、学問、芸術、文学、壮言大語する挑戦、華やかな挑戦、地味に歩む挑戦、一人ぼっちで陰で歩む挑戦、芽が出ない挑戦などあるのではないでしょうか。そして結果として、早

熟、脱熟、未熟、無熟でも生涯閉じる、それでもいいと思う。

私はここで真剣に思うことがある。

人間のほんとうの幸せは五つ目の高齢期にある。

六十の還暦から百の上寿まで八つの節目がある。

還暦（六十才）古希（七十才）喜寿（七十七才）傘寿（八十才）米寿（八十八才）卒寿（九十才）白寿（九十九才）上寿（百才）まで、その節目には、右のような立派な味わいがある。

今、生きる意味が、次の節目にどう繋いでいくか、個々の考え方はさまざまである。自分に適《かな》った道のりが一番よいのではないでしょうか。あと三年で米寿になろうとする自分の今、生きていることに感謝するのみ。同僚、同輩、先輩そして志半ばにして鬼籍に入られた方々、恩義を受けた方々のご恩は忘れてはならないと肝に銘じている日々である。

論考

みなと衆の真髄は生きている。

その原点は北前船が往来した江戸時代初期にある。悠然たる太平山の裾野が広がる秋田市の中心から西の方へ伸びる日本海の土崎港へ末広がりになっている。人口七万六千人の居住する港町だ。

人類出現前の3千万年は太平山のふもとまで海だった。そのため、秋田市全体が肥沃《ひよく》であり、作物がよくできる。太古の六百年の奈良朝廷は豊かな土地を求めて、この地に進出したのは、エゾ征伐と称して阿倍比羅比が齶田《あきた》の浦を目ざしてきた。その頃は、漁、農民は一部で、狩猟の中心の生活をしていた原住民だ。

大和朝廷は国を統一させようと、次なる策を謀ったのは、坂上田村麻呂大将軍の東北エゾ征伐に奥羽山脈を越え土崎湊にも陣を張ったという。土崎の町名に将軍野、幕洗川の名がつくほどの歴史上で意味深さを感ずる。だが伝説とも言われている。

この時代の趨勢が人と物の流れを多くし、やがては日本海側の経済の大発展を遂げ、北前船の寄港地が土崎港の重要港となって行く。これは決して偶然でもなく、必然なのだ。

港の賑わいは、佐竹藩の秋田よりすぐれたりと東遊記で地理学者の古川古松軒が幕府に報告するほどの驚きだった。

さらに、土崎港町を形成した湊領主安東鹿季、愛季、実季の津軽安東一族だった三武将の産業殖産、海上の防備、経済の発展、文化の高揚に尽くされた偉業は、土崎の人々は忘れてならない事実である。

この事は、土崎神明社隣接地に安東三武将をたたえる碑を秋田市が建立している。

こうして、わが郷土、土崎港は強く、勇ましく、正しく歴史は展開する。強さと勇ましくを強調するのは、土崎神明社の港曳山行事だ。北前船の往来とあいまって港町を上昇気流に乗せるのである。ここに港衆の真髄が形づくられていく。刹那的、ラテン気質と言われるゆえんである。

真骨頂と真髄の二つの言葉が相交じるが真骨頂は真価を表している姿、真髄は奥義（学芸、武術の手）と理解する。

このような意味合いで土崎港の歴史的な流れの中に私たちは生まれ育っているのである。今、街なかは多分に漏れず、シャッター通りの土崎だが決して悲壮感は持っていない。前述した有形無形の資産が随所にある（秋田港の重要産業工業港指定、神社仏閣の神秘な建物、豊富な人材等）

セリオンタワーから眺望すると、秋田市街地から千秋公園の森と芸術劇場ミルハスが前方に見え、外旭川の田園と高清水丘の緑を挟んで、土崎港の全景が眼下に見渡せる。

さらに、臨海道路は国道13号線へと走る。男鹿半島へ伸びる男鹿街道からは神が宿る真山本山が海へ浮かぶ。真に満喫だ、絶景だ。

このような、とてつもないわが港町は、もうじっとしておられず、雄たけびをし、明日（未来）へと発進する勇ましさを見たい。これは私だけではあるまい。故郷を思う人はみんな異口同音に唱えるのではないだろうか。

私は土崎港のものがたりを書き続けて湧く思いを論じたかった。ジ・エンド。

たわごとを聞いてほしい

これで土崎港の物語は終わりである。

最後に私のたわごとを聞いてほしい。

日本海の荒波を越えて、船乗りたちは、土崎港に宝の船で荷の積み降ろし。いやはや、われもわれもと、きゃどこ（町角の人たち）は港へ走る。

ああ、降ろしも積むも、みんなわが町の宝の山だ。エンコラサッサと船乗りを大歓待、船乗りたちもそんじゃ今日は呑んで歌って騒いで夜を明かそう。

ソダソダ老若男女みんな無礼講だ。

土着民と九州、北陸（福井、石川、京都、新潟方面）からの船乗りと意気投合して、港町が富み栄えたのだ。

ホントダホントダ、いい気分。

土崎港衆の刹那的な雰囲気が、今でも垣間見える。

土崎が生んだ名士、著名人、知名人、地元の名士

明治期前

・和算の大家　飯塚正矩

・和漢三才図絵の著書　寺島良安　石田文五郎　無得父子

・絵師　武田永球

明治維新以後

・菅運吉　材木商。幕府御三家。佐竹家の御用商人

・升屋助吉　升屋薬局の創始者

・船木久治

三菱と提携、汽船業者

・土崎智義　書画人。郷土史家。高潔な人柄で衆人に尊敬された

・近江谷友治　「種蒔く人」の同人社会主義運動の挺身的実践者

・金澤松右衛門　貴族院議員

・近江谷栄次　衆議院議員
・出羽湊利吉　力士。十三戦全勝優勝で関脇
・多田等観　チベット仏教学者。土崎西船寺に生まれる。七十齢で勲三等旭日中綬章に浴する
・村山喜一郎　代議士。帝石森林会理事。大日本森林会理事。昭和三十四年長者番付県内一番。「山林王」として全国に名を高めた。所有山林一万町歩余り
・須磨弥吉郎　代議士二期。有能な外交官。南米総領事。駐米大使館参事官。スペイン公使。日本国連協会理事。大相撲クラスの体格の威風堂々でチョビ髭生やしていた
・金子洋文　「種蒔く人」の創始者でプロレタリア文学、小説家。創作演出家。日本の演劇界に独自の存在を保った劇作家
・竹久千恵子　土崎で生まれ、幼時に母が死亡し、小林徳太郎の家で養育された。土崎小学校三年まで在した。東京に移り小松川高女を卒業。昭和三年（十三齢）で「美代吉殺し」で映画デビュー（初登場）。喜劇座で旗上げた。エノケン座にも入った。戦後はＮＨＫラジオ「二十の扉」のレギュラーで解答者で活躍、演技はもとより、美貌は秋田美人の粋と評された。映画スターの演技を発揮し、大衆の陶酔、満足度を充実させたことは精神衛生、芸術文化からも社会貢献は大きい竹久千恵子だった

現在

・（著名人）佐藤菊夫　土崎将軍野音楽家一家に生まれる。東京交響楽団指揮者、日本文化振興会より国際芸術文化賞、秋田県民栄誉賞、秋田県文化功労賞、オーストリア国より科学・芸術栄誉十字賞勲一等

・（知名人）藤原清悦　秋田市土崎港（旧下新町）に生まれる。秋田高校、慶應大学卒業後、秋田銀行へ入行。第十一代秋田銀行頭取となる。父は秋田協和水産（秋田市中央卸売市場）の創業者

・（著名人）銭谷眞美　秋田市土崎港相染町に生まれる。秋田高校、東北大学教育学部入学。文部科学省事務次官、東京国立博物館館長。現在は新国立劇場運営財団理事長に就く。祖父は秋田ドラム工業創設者。（秋田さきがけ新報から連載「時代を語る」二〇二三年五月二十九日〜七月九日から一部抜粋）

日本の官僚は世界でも抜群に優秀と言われています。崇高な文部科学省で三十八年間の長きに亘り、トップの事務次官された銭谷眞美さんがわが郷土土崎港で生まれ育ったのは誠に名誉であり、感慨深くもあります

・（名士）亡　金子恭三　金子物産社長。秋田県議会議員

・（名士）亡　宮崎金一　一九一九年土崎港小鴨町に生まる。頭脳明晰で人望篤実な人だった。秋田中学卒（現秋田高校）。二代目宮崎印刷工業社長。秋田県印刷工業会会長。辻兵吉十五代目のときの秋田商工会議所副会頭。私の従兄であり、自分を捨ててでも人や社会に尽くす人だった。

役職も肩書きも多く、冷静沈着で物事の判断にすぐれていた。土崎では唯一の尊敬する人

・(名士) 小林一彦　土崎港(旧壱騎町)に生まれる。土崎神明社奉賛会会長。土崎曳山行事伝統伝承会会長。土崎神明社五名総代会長。元土崎小学校校長

・(名士) 佐々木信吾　昭和十三年秋田市土崎港新城町に生まれる。父は佐々木三治郎土崎中学校校長。昭和三十六年三月秋田大学学芸学部卒。平成五年四月中央教育事務所所長。平成九年秋田南中学校校長。平成十年秋田県・秋田市中学校校長会会長。平成十年十一月平成十年度文部大臣教育者表彰。平成二十六年春の叙勲瑞宝双光章。　私ども土崎中学同期の生徒会長でリーダーシップを発揮していた。そのときから尊敬する

・(知名人) 五十嵐隆(東京在住)　昭和二十一年一月土崎港肴町に生まれる、五人兄弟の末子(私の弟)。東京へ出て五十年、負けん気の強い土崎港魂が燃え続けている。東京都江戸川区に三光エンジニアリング(株)興して四十年　事業内容:給排水衛生設備工事、空調換気設備工事、消防設備工事、リニューアル工事、公共民間半々。東京証券市場二部上場

・(知名人) 三平晴樹(亡)　土崎港に生まれる。元プロ野球大洋ホエールズ(現横浜ベイスターズ)の投手。土崎中、秋田商業高校当時、左腕剛球投手で名を上げた

・(著名人) 三浦廣巳　旧清水町に生まれる。旧姓宇佐美。秋田日産自動車(株)代表取締役会長。前秋田商工会議所第十九代目会頭。現在同名誉会頭。秋田県社会福祉協議会会長。秋田県ラグビーフットボール協会会長

・（名士）細川信二　細川レコード第三代目社長。土崎港元町商店会会長。秋田市議会議員（秋水会幹事長・秋田市議会北部議員団副会長）。秋田港活性化促進議員の会会長。秋田市防衛議員連盟幹事長

・（名士）佐原孝夫（旧永覚町に生まれる）秋田市議会議員四期歴任　土崎まちづくり協議会会長

あとがき

無学でありながら物語を書くのはどれほど困難なものかと思い知らされた。

郷土の歴史物語はこれでよいだろうか、と不安を持ちながらの原稿書きだった。決心してから三年余、着手して二年自分との闘いが始まった。ときには怒り、ときには落胆、喪失しそうになった。その時「希望と意欲は同居する」ということばを思い出し、消えそうになった心に火をつけ直し、奮起した。

高齢の自分を「なぜ、そこまで痛めつけるのか」それは郷土愛土崎港町に惚れ込んでいるからにほかならない。

特に土崎の名称に関心があり、起こりを文献等で調べているうちに、北前船で富み栄えた四百年にさかのぼることを知った。勇ましさと男っぽさが、この名前の陰にあるのだと強く抱きそれが土崎みなと衆の原点だと確信した。

私の書き進める原稿に、目を通し、惜しみない力を貸してくれたのは秋田さきがけ新報社OBの山崎将明《まさはる》様である。また私の実弟五十嵐隆（東京在住）の力強い奨励を受けた。お二人に衷心より感謝いたしたい。

土崎の長い歴史を把握するのは、多くの文献、資料の収集は絶対的であった。生まれ育ったとはいえ、知っているのは限られている。特に、日本海側の七湊であった土崎港は津軽　安東武将の築いた港町であり、遼遠六百年の香りが未だこの地の土に息づいているかも。

私は、身に余る歴史ロマンに立ち向かったが最後まで深掘りできなかった。だが、思い描いた土崎港の気魄に満ちた土性骨はなんとか形になり、栄枯盛衰に浸っている。

地元老練や識者の方々の知見をお借りしたのも大きかった。ここに曲がりなりに著書の出版に至ったのは、無明舎出版のおかげであり、深甚なる謝意を表したいと思います。

そして誇れる歴史を持つ、土崎港のできごとを基にして土崎の皆様と共に行く道の理非を考えながら発展を遂げられることを心から願って止まないと同時に、土崎みなと衆の真髄がここに生きていることを証明したい。

まとまりのないこの本を最後まで読んでくださった方々に厚くお礼申し上げます。ほんとうにありがとうございました。

最後に本書の文責は、すべて私にある。ご批判、ご助言など、著者に直接お手紙いただければ幸いである。

参考資料・文献・書籍

■参考資料
日本書紀
古事記
秋田市立秋田城跡歴史資料館の史料
土崎みなと歴史伝承館（歴史年表）

■参考文献
『秋田安東氏物語』川原衛門著
戸矢学著　２００９『氏神事典　あなたの神さま・あなたの神社』河出書房新書
一ノ瀬俊也著『独裁者を演じた男　東条英機』文春新書
『日本一心のこもった恋文』二ツ井町商工会
『土崎発達史』今野賢三著　土崎発達史刊行会
『土崎の史誌　土崎港町・秋田市合併五十周年記念誌』土崎史談会（土崎港町・秋田市合併五十周年記念誌編纂委員会編）
『灯―秋田の港町商人―』土崎港元町商店会

■協力者の方々（順不同）
山崎将明様（秋田魁新報社ＯＢ）
秋田市秋田城跡歴史資料館様
五十嵐隆様（三光エンジニアリング㈱社長／実弟東京在住）
佐々木信吾様（元秋田市立南中学校校長・元秋田県秋田市校長会会長）
宍戸恒雄様（元秋田マツダ販売㈱能代営業所所長）
土崎神明社宮司　伊藤様
小林一彦様（土崎神明社奉賛会会長・元土崎小学校校長）
品田福男様（土崎史談会会長　社会保険労務士）
船木信一様（大潟村干拓博物館館長）
細川信二様（細川レコード社長・土崎港元町商店会会長）
土崎みなと歴史伝承館様
能代市二ツ井地域局総務企画課様
男鹿市観光文化スポーツ部観光課
五十嵐祐介様
秋田市観光文化スポーツ部文化振興課様

わが経歴

座右の銘　挑戦

趣味
　読書（ジャンルは問わない）
　将棋、プロ野球観戦
　まち歩きぶらり

経歴

昭和14年1月27日	土崎港肴町に生まれる（洋裁仕立て業の5人兄弟姉妹の4番目）
昭和33年	秋田市立高校卒（現秋田中央高校）卒後5年ほどアルバイト（県教育庁、菓子問屋）
昭和38年3月	秋田マツダ販売入社　36年勤務（1年間経理課）
昭和42年10月	藤田家長女順子と結婚
昭和40年	新人賞（年間63台販売）

　昭和44年〜60年度まで17年連続金バッジ受賞（マツダ本社表彰）
　累積新車販売2,700台達成
　マツダロイヤル会会員

若い時の資格
　日本商工会議所主催簿記検定2級
　珠算検定2級合格
　全国経理学校協会主催工業簿記検定科目合格1級
　日本漢字能力検定協会主催初段合格（51才のとき）

59歳で秋田マツダ販売退職
平成10年　退職と同時に生損保代理店立ち上げ、22年間経営（上級代理店）法人化する。81齢で大型代理店と合併

代理店当時の資格
　特級資格、事故対応能力資格1級
　生保専門課程取得

65歳以降
　FP（ファイナンシャルプランナー）二級合格、AFP（日本FP協会認定）
　70歳で、現在、CFP挑戦中

書籍自費出版
　「無からの生きざま60年」（秋田協同印刷株式会社）

お読み下さり、ありがとうございました。本書の文責はすべて私にあります。ご批判、ご助言、ご意見などあれば、下記までお手紙いただければ幸甚です。

〒010-1621 秋田市新屋栗田町12-1
五十嵐 廣志

土崎みなと衆——その真髄ここにあり
定価一八七〇円〔本体一七〇〇円＋税〕
二〇二四年九月二十日　初版発行
著　者　五十嵐　廣　志
発行者　安　倍　　甲
発行所　㈲無明舎出版
秋田市広面字川崎一一二—一
電　話／(〇一八)八三二—五六八〇
ＦＡＸ／(〇一八)八三二—五一三七
製　版　㈲三浦印刷
印刷・製本　㈱シナノ

ISBN 978-4-89544-690-7